U0961463

平 步 青 云

沟通巧技能系列

亲密沟通巧技能

刘平青 吴岸泽 等著

電子工業出版社
Publishing House of Electronics Industry
北京 • BEIJING

内 容 简 介

本书是市面上为数不多的关于“亲密关系”的、“接地气”的书籍，用贴近生活的案例将亲密沟通的奥秘娓娓道来，用通俗实用的巧技能助您走出亲密沟通的困境。全书共五章：第一章分析亲密沟通的重要性，以及由于亲密沟通不顺畅而造成的各种问题，希望能提高您对亲密沟通的重视程度，并学会自省自查，找出自己的亲密沟通存在什么问题。第二、三、四、五章，针对亲密沟通中可能出现的各种问题，从不同的关系种类（亲子关系、夫妻关系、恋人关系、婆媳关系）、不同的主体（强者、弱者）、不同的背景（性别、原生家庭）及不同的角色出发，详述沟通巧技能。

图书在版编目（CIP）数据
亲密沟通巧技能 / 刘平青等著. —北京：电子工业出版社, 2018.6
ISBN 978-7-121-34226-4

Ⅰ. ①亲… Ⅱ. ①刘… Ⅲ. ①人际关系－通俗读物 Ⅳ. ①C912.11-49

中国版本图书馆CIP数据核字（2018）第104641号

策划编辑：王二华
责任编辑：王晓庆
印　　刷：北京虎彩文化传播有限公司
装　　订：北京虎彩文化传播有限公司
出版发行：电子工业出版社
　　　　　北京市海淀区万寿路173信箱　邮编：100036
开　　本：880×1230　1/32　印张：7.375　字数：159千字
版　　次：2018年6月第1版
印　　次：2021年5月第6次印刷
定　　价：29.00元

凡所购买电子工业出版社图书有缺损问题，请向购买书店调换。若书店售缺，请与本社发行部联系，联系及邮购电话：（010）88254888，88258888。
质量投诉请发邮件至zlts@phei.com.cn，盗版侵权举报请发邮件至dbqq@phei.com.cn。
本书咨询联系方式：wangrh@phei.com.cn。

前言：亲密沟通既养人又易伤人

亲密沟通对每个人来说都是必不可少、至关重要的。但是在沟通过程中，人们往往花费更多的精力在上司、客户身上，却最不在意亲密关系中的沟通。

无论你是叱咤风云的大人物，还是在社会苦苦打拼的老百姓，你总会碰到各种各样焦虑的事情、心碎的时刻、开心的体验或者难忘的经历。这时，有家人的一句关心、朋友的一句问候、长辈的一丝关怀，你的开心会因为分享而被放大，不开心也会因为倾诉与被理解而转化为前进的动力。在亲密沟通中，每个人都会袒露自己的真实想法，释放自己内心的压力，但是，缺少对沟通巧技能的训练，导致我们将最难听的话说给了最亲的人："你跟你妈一模一样！""别以为我不知道你的那点小心思！""过不下去就离婚啊！""听我的我能害你啊！"等。这些我们本无意说出口的话，往往变成了一把把利剑，刺进了我们最亲的人的心里，造成了许多不可逆的伤害。

朋友、恋人、夫妻及家人等关系都属于亲密关系。在亲密关系中，双方能够感知到自己不是孤独的，而是拥有着归属感与亲密度的。这种温暖与支持的状态，正是亲密关系让人着迷的地方。在亲密关系中，我们不仅是在了解别人，更是在通过关系看见自己、认识自己、完善自己。每个人都不是完美的，亲密关系是我们走向社会的过程中最基础、最重要、最值得去学习的关系和学问。

目前市面上沟通方面的书不少，但鲜见真正能够从自我成长、亲密关系角度出发探讨沟通巧技能的书。我们能够接受事业上的挫折，但无法接受家庭生活的失败。你曾有过这样的时刻吗？

你真诚地想提出意见建议，说出口的却是干涉和不尊重，使对方瞬间厌烦。

即使对待陌生人，说一句“谢谢”和“对不起”都很容易，对待亲人却总说不出口。

或是过于坦诚而伤害了对方，或是过于拘谨而词不达意。

亲密沟通本应该带来美妙的体验、快乐的享受及甜蜜的回味，但是如同上述情景，我们在亲密关系中往往遇到的是失望、痛苦甚至怨恨。为什么越亲密的人越容易产生隔阂？为什么越深入的对话越想让你逃离？

两个人交流时，其实是六个人在交流：你以为的你，你以为的他，真正的你，他以为的他，他以为的你，真正的他。你总在和“你以为的他”交流，可想而知，这里边会有多少误解。每个人都是独特的个体，因为不同的原生家庭、性别、人生经历，所以拥有不同的思维、立场，但更多时候我们只是从自己出发去思考、去判断，我们主观了解观察到的，往往只是真相的千分之一。有多少人，因为自己的“亲眼所见、亲耳所闻”，尤其是亲密关系里，因为亲人的一句话、一个举动，从此耿耿于怀，甚至怀恨在心……可悲的是，可能到亲密关系分崩离析后都不知道，其实是自己“看错了”。

“沟通快三分，发作慢半拍”，绝大多数问题都是由于沟通不畅造成的。

那么，我们有什么办法能够避免不愉快，提高亲密沟通的质量呢？

本书是市面上为数不多的、倡导“接地气”的书籍。用最真实的案例将亲密沟通的奥秘娓娓道来，用最通俗实用的巧技能帮助您走出亲密沟通困境。本书包括五章。第一章分析亲密沟通的重要性，以及由于亲密沟通不顺畅而造成的各种问题。希望能提高您对亲密沟通的重视程度，并学会自省自查，找出自己的亲密沟通存在什么问题。第二、三、四、五章，针对亲密沟通中可能出现的各种问题，从不同的关系种类（亲子关系、夫妻关系、恋人关系、婆媳关系）、不同的主体（强者、弱者）、不同的背景（性别、原生家庭）及不同的角色出发，详述“强而不霸，弱却有心；沟通系统，细节感人；尊重差异，展示特色；角色明确，换位思考”四大巧技能。在书中您可能会看到自己的影子和妻子 / 丈夫、婆婆 / 儿媳、恋人 / 好友的影子，那就随着这些故事，去学学如何成为亲密沟通中的巧者吧！

本书是团队共同创作的结果，刘平青、吴岸泽进行整体设计和统筹布局，陈洋、雷泽婧、杨芳做了大量有价值的工作。尤其是雷泽婧协助统稿，高效而富有创造性。调研讨论、案例分析、著作撰写不是一件轻松的事情，但亲密沟通的特殊性与重要性，以及将沟通巧技能系列图书完整实用地进行开发，帮助读者全方位提升自己的沟通巧技能的使命感，让我们快乐工作、收益良多。

刘平青于北京

目 录

1

chapter

第一章

亲密沟通十分重要，却往往被人忽略

亲密关系，是人们安全感的来源和持续奋斗动力的来源。在激烈竞争的社会中，亲密关系常常被严重物化，男男女女因物质条件而走进爱情却因沟通问题分道扬镳，夫妻疲于追求生活质量的改善而疏于沟通交流，父母为争取优质学区房心力交瘁而亲子关系岌岌可危，子女充分满足对老人的物质照顾却较少给予精神陪伴。单单物质的富足并不能浇灌好“亲密花园”，甚至会因缺乏良好的沟通交流，让我们的“亲密花园”杂草丛生、病虫泛滥。

亲密关系从来不是理所当然的存在，亦不是我们随心所欲、为所欲为的借口，它需要我们时时刻刻将其捧在手里细心呵护、温柔以待，积极用心地学习、练习亲密关系沟通巧技能，甘于充当对方亲密沟通学习的陪练，从而加深对彼此的了解，掌握彼此沟通的密码，开启相互信赖、良性发展的亲密关系模式。

第一节 亲密沟通是自我成长的关键

一、亲密沟通帮助认识自我

自我成长的前提和基础是认识自己，只有充分认识自己，才能把握住自我成长的方向。不仅要认识自己的优点，还要认识自己的缺点。对大多数人而言，承认自己的缺点并非易事。人们对自己的缺点，大都采取隐瞒、掩盖或不愿检讨和承认的态度，拒绝看清自己的缺点，往往最终陷入自我膨胀。就像火鸡看到外敌时，颈部和身上的毛就膨胀竖直，藉以夸大实力，隐藏自己瘦弱的身躯，希望对手以为它体型变大了，但我们都清楚，那是假象。

亲密关系是人际关系，却不是普通的人际关系，因为所有在他人面前的完美伪装，在亲密关系里会统统暴露，双方各自的缺点将会赤裸裸地呈现在对方面前。身处亲密关系中，双方不应毫不避讳地对另一方的缺点指指点点，更不应通过分析对方的毛病来论证对方才是亲密关系中问题的症结所在，而应当以委婉的方式巧妙地帮助对方认识自己，从而克服缺点，实现自我成长。

案例 1–1

唐太宗与长孙皇后的故事

唐太宗与长孙皇后可以说是唐朝的一对模范夫妻，明君贤后。唐太宗与长孙皇后的长女长乐公主要出嫁，因为很得父亲、母亲的宠爱，就任性地要求自己的嫁妆比永嘉公主（李世民的妹妹，长乐公主的姑姑）多一倍。唐太宗认为，永嘉公主出嫁的时候是武德年间，国力尚且虚弱，不能给永嘉公主很丰厚的嫁妆。现在已经是贞观了，国力强盛，给自己心爱的女儿多一些嫁妆也没什么不好。于是就答应了女儿。这件事很快就被魏征知道了，魏征进谏说这样做不符合礼节。侄女的嫁妆怎么能超越姑姑的呢？唐太宗非常不高兴。回去以后，唐太宗就把这件事情告诉了皇后。皇后却很高兴地说，“我曾经听说您看中魏征，一直不知道原因。今天听说了他的进谏，我觉得他实在是能够抑制主上私情，正直的社稷之臣啊。我与陛下是结发夫妻，情深意重，每次与陛下说话的时候尚且要察言观色，不敢轻易冒犯陛下的威严。如今魏征身为外臣，却能不顾及自己的安危犯颜进谏，实在是难得的贤臣。常言道‘忠言逆耳利于行’，还请陛下详查，那就是天下的幸运了！”于是公主就操着这不甚丰厚的嫁妆出嫁了。皇后觉得这样还不够赞赏魏征，就又赐给了魏征钱和五百匹帛，并传话说“早就听说了您的正直，如今才见识到。希望您继续保持这样的心地、情操，不要改变。”

还有一次魏征的进谏又让李世民怒火中烧，回到皇后那里，狠狠地说“一会儿一定要杀了魏征这个乡巴佬！”长孙皇后什么也没有说，默默地退了下去，在内室中换好了重要场合才穿的礼服，跪在李世民面前，恭祝李世民。李世民吓了一跳，问其原因，皇后才缓缓开口“妾闻‘主明臣直’，今魏征直，可见陛下明。”

皇后如此巧妙地劝谏，使李世民怒气全消，魏征也得以保命。

（资料来源：笔者依据相关资料整理）

案例 1-2

李彦宏夫妇的创业故事

在回国创业前，李彦宏在硅谷当工程师，很快就在信息搜索领域里成为杰出专家，所以拥有华尔街道·琼斯子公司 70 余万股期权，在硅谷有了豪华别墅和名车。就在李彦宏为自己的成就感到洋洋得意时，马东敏却对丈夫有着更高的“要求”。她认为李彦宏在信息技术领域是顶尖专家，应该独立创业。妻子一席话，激发起李彦宏内心的创业激情，因此，他选择了回国创业，于是就有了百度。

李彦宏曾说，妻子对他影响非常大。马东敏是个果断的行动派，做出决定马上会行动，而李彦宏较为犹豫不决，考虑周到了才去做。

2004 年，李彦宏决定让百度上市，正是妻子拉着他拜访华尔街专家得到详细的分析论证后，给足他冲刺的勇气。2005 年 8 月 5 日，百度登陆纳斯达克，诞生了 9 位亿万富翁、30 位千万富翁和 400 位百万富翁。2007 年 11 月，胡润 IT 排行榜公布，李彦宏以 180 亿元身价排名第一。

在曼哈顿举行的百度上市成功大型庆祝晚会上，当无数闪光灯和话筒对准财富英雄李彦宏时，李彦宏温情地把妻子马东敏揽到前排，他举起酒杯，深情地说：“百度精神里有一种勇气，而我的妻子马东敏博士，则是这勇气的来源。她总能在关键时刻，冷静地提出最勇敢的建议。事实证明，她的那些充满东方智慧的建议，将我引上了正确的道路。”

（资料来源：笔者依据相关资料整理）

长孙皇后和马东敏都是聪慧睿智的女性，长孙皇后通过褒奖魏征的进谏，委婉地帮助唐太宗意识到自己固执己见和私欲满溢的缺点。同样，李彦宏的妻子马东敏通过冷静的建议和果敢的行动让丈夫认识到自己内心的惰性，从而帮助丈夫找准了自我成长的方向，取得了事业的成功。

二、亲密沟通实现自我成长

亲密沟通不仅是自我认知的途径，还是自我成长的一面镜子。我们在与对方亲密相处的过程中，由于原生家庭、成长环境和生活习惯等背景的不同，双方将不可避免地遇到一系列的矛盾冲突，因此，双方需要不断地换位思考、调适自我、积极沟通、磨合差异，并逐渐找到一种舒服自在的方式与对方相处。经历过“磨合期”后，亲密关系的双方将在一定程度上实现自我成长，并可能在生活或工作其他方面获益。

案例 1–3

爱打岔的女孩

小浩和小静是一对刚刚结婚的小夫妻，恋爱期间，小浩就发现小静活泼开朗、口齿伶俐，也正是因为爽朗的性格让小浩更加喜爱小静。新婚之初，小浩每天下班回家都会主动与小静分享当天单位里所发生的事情，小静也十分乐意与小浩一同交流。可是慢慢地，小浩发现每次刚说了几句，就被小静的话打断，最终不是偏离了主题，就是小浩根本不知道如何接话，常常让交流陷入僵局。一天，小浩在单位受到领导的批评，回家渴望向小静倾诉，寻求心理安慰，而小静还没等小浩说到第二句话，就急忙插话，导致小浩心情十分郁闷，最终情绪爆发。小浩无情地批评小静爱打断别人说话的毛病，小静也流下了无辜的眼泪。在此之前，小静并没有意识到自己爱打岔的问题，相反觉得积极参与到交流中是对另一方的尊重。经过这次冲突之后，小静进行了深刻的自我剖析，并让小浩监督自己，努力等小浩表达完想法再发表意见，逐渐克服了爱打岔的毛病。

在单位中，以往不管同事说什么事儿，小静光会愣头愣脑地瞎打岔。两个人正说着话，小静出来当个“冒失鬼”，冷不丁地冒出一句：“哎，你们猜怎么着？我昨儿碰见那谁了嗨！”接着没完没了地说起见到的那个人的事儿。她这一打岔，把那两个人的思路完全给打断了。尽管小静很热情开朗，同事总是不太爱找小静聊天。自从小静克服这个毛病之后，只要同事发表意见或是两位同事在交流，小静总会在一旁用心倾听并频频点头，让同事们觉得自己的讲话很受重视，小静也从单位的“冒失鬼”变成了“解语花”，重新获得了同事们的喜爱。

（资料来源：笔者依据相关资料整理）

案例 1-4

赞美的力量

杰克和安娜是一对性格截然不同的夫妻。杰克阳光开朗，语言表达能力极强，擅长提供情绪价值，而安娜则内敛安静，平时话也不多，做人做事相对比较木讷。自从结婚以来，杰克都用甜言蜜语将安娜哄得特别开心。只要安娜一下厨，杰克便凑到妻子耳边深情地说：“我真是娶了一位美厨娘，做饭天底下最好吃。”逗得安娜合不拢嘴。只要安娜为杰克添置了新衣服，杰克便会一脸幸福地说：“娶了这么疼我的安娜老婆，简直是我几辈子修的福分！”安娜也觉得无比幸福。杰克生病时，安娜全心全意地细心照顾杰克，杰克抱住安娜，眼里泛着泪花，说道：“娶妻如此，夫复何求，我会将你对我的好一辈子记在心里。”安娜感动得流下眼泪。在与杰克亲密关系中，安娜不知不觉地开始模仿杰克的赞美语言，并开始进行积极的回应，杰克赞美完后，安娜便会开心地说，“都是托老公的福，我才能越变越好”“老公在外赚钱养家，为家里立下汗马功劳，为老公服务是我的荣幸”“朋友们都夸我的老公是楷模，我眼光实在太好了”。安娜的赞美也让杰克感到愉悦舒畅，家庭氛围也非常和谐。

安娜除了在家里积极赞美杰克，在单位也经常积极称赞他人。“王姐人好看，怪不得穿什么衣服都让人眼前一亮”“小宋的报告简直太棒了”“宋总胆识谋略过人，带领公司蒸蒸日上”。安娜惊奇地发现，当自己经常将赞美的话挂在嘴边时，人际关系也奇迹般更加和谐了，办公室里女同胞经常约自己出去聚会，新来的小同事对自己敞开心扉无话不谈，领导也对自己信任有加。

（资料来源：笔者依据相关资料整理）

案例中小浩和小静在亲密沟通中遇到摩擦之后，通过小静努力地调适自己和小浩积极地进行监督，帮助小静改正了爱打岔的毛病，这对伴侣实现了较好“磨合”，在摩擦中实现了成长。杰克和安娜夫妇在亲密沟通中通过优势互补，安娜耳濡目染学会了杰克赞美他人的本领，并时刻将赞美的语言挂在嘴边，让自己的亲密生活和社会生活更加舒心顺气。

亲密沟通中所涉及的高效沟通巧技能较多，我们将其归纳为需要培养的良好沟通技巧和克服不良沟通习惯（见巧技能 1）。在与对方沟通时，我们需要挖掘对方的闪光点，对于这些优点要绝不吝啬赞美之词。当遇到需要“磨合”的问题时，双方应控制好自己的情绪，选择适宜沟通的情境，多站在对方的角度考虑问题，讨论只针对事情本身，注意言辞合理，语气平和，表达自己需求的同时也尽可能地接纳对方的意见。

亲密关系需要我们悉心地打磨和培养，不良的沟通习惯是亲密关系的“隐形杀手”，亦是自我成长的绊脚石。在亲密沟通中，很多人都有不一致的现象，例如，心里明明不高兴，却嘴上硬说高兴，这会严重影响个人需求的表达。像案例中小静那样喜欢打岔的大有人在，常常让沟通陷入僵局。嫌弃批评指责常常将事情本身的讨论上升到对人身的攻击，沟通效果也因此变得非常糟糕。冷战是拒绝沟通的表现，让亲密关系进入冰点。对方说话时，走神分心将捕捉不到对方的重点，影响沟通的效率。对方表达完后，不积极地给予反馈也会让对方感到挫败。

巧技能 1

亲密关系的高效沟通巧技能

培养良好沟通技巧	克服不良沟通习惯
□ 1. 积极赞美对方	□ 1. 表达心口不一
□ 2. 调适自我情绪	□ 2. 打断他人说话
□ 3. 选择沟通环境	□ 3. 嫌弃批评指责
□ 4. 善于用同理心	□ 4. 冷战避免沟通
□ 5. 只对事不对人	□ 5. 倾听不够用心
□ 6. 重视沟通语言	□ 6. 反馈不够积极
□ 7. 注意沟通语气	
□ 8. 接纳对方缺点	

第二节　亲密沟通是家庭幸福的法宝

沟通是贯穿婚姻生活的一条主线，不论是婚前还是婚后，幸福和谐的生活都与沟通息息相关。亲密沟通能让婚姻经营变得得心应手，感情浓度不断提高，而缺乏沟通的婚姻让双方关闭了交流自我需求的“入口”，男女双方无法知晓对方需求，因此，感情浓度因沟通不畅而降低。

一、重视婚前沟通

步入婚姻之前，双方应通过亲密沟通与爱人在婚姻生活的认知上达成一致，彼此应在充分了解对方家庭与个人的前提下，对原则性的问题（如婚姻的价值观和婚姻的忠诚问题）达成一致。双方在生活细节（如是否要小孩、如何培养小孩、是否与父母同住、谁掌握财政大权等问题）上也应尽可能达成一致。彼此对于情绪的管理、矛盾冲突的处理也应有良好的应对措施。甚至针对如何准备婚礼和举行婚礼的仪式细节等问题都应该列入待详细沟通的清单之中。如果双方在缺乏充足沟通的前提下盲目进入婚姻，结婚后将会问题不断，难以适应。

案例 1-5

祁同伟和梁璐的婚姻

超高收视率的电视剧《人民的名义》，已经成为家喻户晓的热门反腐大剧。这不光对贪污腐败的人是一种震慑，另外对一些婚姻及爱情方面的思考也有一些警示。就像祁同伟和梁璐不幸的夫妻关系，会对普通大众的婚姻观产生启示作用。

祁同伟娶了一个比自己大十岁的大学老师，祁同伟追求梁璐不过是为了自己的前途。梁璐不过是为了报复自己的前夫。但是从操场上的求婚一跪，把祁同伟的心跪死了，把梁璐的心跪活了。从那一刻，祁同伟恨死了梁璐，恨她的仗势欺人。从那一刻，梁璐开始有点同情祁同伟了。

祁同伟跪出了绝望，梁璐被跪出了希望。祁同伟向命运低了头，梁璐则从祁同伟身上看到以后可以幸福生活的可能。两个出于不同目的的人，因为各自的利益，终于走到了一起。

但是，他们并不幸福，祁同伟和梁璐没有经过恋爱沟通和婚前沟通的环节，便直接进入婚姻。爱情不光是婚姻的最好铺垫，更是对两个人生活习惯和品性的一种磨合，祁同伟和梁璐并没有任何爱情的基础，捆绑两人在一起的原因无非是权利地位。婚后，两人亦是从不沟通，人前假装恩爱，回家则是冷战争吵。当祁同伟如愿以偿地当了公安厅厅长之后，他们婚姻唯一的根基开始瓦解，祁同伟嫌弃自己娶了个老娘，而梁璐也看不惯祁同伟农村家庭出身，祁同伟出轨高小琴，两人的婚姻千疮百孔，名存实亡。

（资料来源：笔者依据相关资料整理）

案例 1-6

加拿大总理特鲁多的婚姻故事

加拿大总理贾斯廷·特鲁多凭借着朝气蓬勃的个人魅力在加拿大人心目中有很高的地位，他美满的婚姻生活亦被传为一段佳话。

2002 年，特鲁多在蒙特利尔大学理工学院学习期间遇到了现在的妻子索菲。索菲是特鲁多已故弟弟米歇尔的同学，恰巧的机会让两人能够一起追忆米歇尔高中的古灵精怪，也交流分享各自无能为力的事情。分别之后，虽然特鲁多觉得索菲十分迷人，但他相信如果是命中注定的事情，那它必会发生，无须急于求成。几个月后，他们又在圣洛朗大道上相遇，他们聊米歇尔，聊贾斯廷的父亲，聊关于20世纪80年代的回忆。

两人的生活曾是两条平行线，现在有了交汇。特鲁多说，如果你的心意对象不理解你的本质，那么表面上的吸引力根本不够。而索菲对特鲁多家人的了解、对特鲁多生活环境的了解是吸引她很重要的因素之一。特鲁多在回忆录中讲到，最持久的爱情由根植于彼此交融的过去所有事物所编织起来，包括共同的价值观和文化。这使得遇到索菲不同于结识新人，更像是发现一个生命中的老朋友和梦中人。他们常常坐在沙发上聊到凌晨，敞开心扉，心也贴得越来越近，他们聊到各自悲伤的秘密，索菲告诉特鲁多她上高中时与贪食症的战斗和她作为家中独女所经历的孤独。特鲁多也将自己的童年讲给她听。

特鲁多和索菲自然而然地走到了一起，婚后他们依然保持着亲密沟通的习惯。索菲一直是特鲁多最好的朋友、伙伴和挚爱。特鲁多会与索菲深入讨论政治生涯中将会遇见的挑战、牺牲和机遇。索菲给予特鲁多奋斗的力量，有时也劝慰他停下来稍事休息。从政以来，就算工作再忙再累，特鲁多总会抽空带索菲和孩子们出去度假，利用假期进行深入的亲密沟通，从家庭中获得“满血复活”的能量。

（资料来源：笔者依据相关资料整理）

上述案例中，祁同伟和梁璐没有经过恋爱沟通便直接进入婚姻，等待他们的是差异巨大的家庭环境和截然不同的价值信念。在祁同伟拥有权力之后，沟通离他们的婚姻越来越远，最终换来的是夜不归宿的丈夫和忍气吞声的妻子。

亲密沟通是特鲁多和妻子的幸福生活的“秘诀”，在认识之初，双方都没有急于推进关系，而是通过自然而然的聊天交流，希望对对方的“本质”有全面客观的了解。双方走入婚姻也并非草率之举，在确定双方拥有一致的价值观和文化背景后，在彼此间完全敞开心扉之后，他们确定彼此就是相伴一生的人。

二、重视婚后沟通

在物欲横流的时代，人们往往将幸福的婚姻生活与经济收入和权力地位画上等号，人们以幸福生活的名义，拼命地追逐权力、地位和金钱，到头来却常常忘了让他们奋斗的初心。我们经常看到一对男女从相识、相知到相恋，最后步入婚姻的殿堂，许下长相厮守的诺言，在艰难的环境里同心协力一起共渡，终于打拼下一生的基业，却最终因为富贵的生活忽略了感情的交流和亲密的沟通，从而“腐蚀”了感情。

进入婚姻以后，原本独立生活的个体开始共同生活，难免会遇到需要磨合的地方，双方应积极打开沟通之门，敞开心扉，找到问题的解决方式。双方应在亲密沟通的基础上，对于家庭中夫妻角色的定位和家庭责任义务有明确的划分，对于如何与双方父母进行沟通相处也应达成一致，家庭重要决策也应通过沟通而达成。此外，亲密沟通除了可以解决婚姻中的问题之外，还是幸福婚姻的“增味剂”，双方通过幸福地回忆一见倾心的心动场景，重温你侬我侬的恋爱画面，回到热泪盈眶的求婚现场，都可以让双方感到无比幸福。

案例 1–7

小莉和张先生的婚姻生活

小莉和丈夫张先生都不是本地人，回想当年为了在这座城市立足没日没夜打拼的岁月，她感慨万千。她说，那时候虽然很苦，但生活每天都是充实的，对未来有无限憧憬，每天一睁开眼就觉得激情满满。

1995 年，小莉刚读中专时，就与当时同校的学长、现在的丈夫张先生互生好感，一年后，张先生毕业，他们还没有真正开始恋爱就分开，可遇到什么问题，她总喜欢和张先生一起商量着解决。毕业后工作不顺利，她换工作，张先生也一直陪伴她外出找工作。“不如我们一起创业吧，不上班了。”小莉说，当时换了好几份工作都不顺利，她就跟张先生商量一起创业，自己当老板。张先生也是迫于生活才干当时的工作，听到她这么有信心，他也辞了职。两人有了共同的理想和奋斗目标。

当时的小莉和张先生既没什么资本，也没什么靠山，两个人全靠激情和汗水做起买卖，后来干脆到菜市场开摊做小本生意，一起打拼两三年，收入相对稳定。生活有了保障，他们 20 多岁就登记结婚，婚后不到一年她就怀孕，有了家庭，他们的努力更有奔头，生活更有方向。

开摊做生意几年后，小莉又大胆提出来要注册成立公司，专做生活用品批发生意，老公全听她的。2007 年，他们注册成立公司，代理了几十种日用小商品的批发，生意越做越大，生活极大改善，不仅小家的生活改善，他们还回农村老家建起房子。为此，老公更是让她大小事情都拿主意。

老公听话，做事卖力，会挣钱，而且挣的钱都交给她保管，有这样的好老公，小莉令身边人都羡慕不已，但她自己也有无法言说的苦衷。

“老公像个提线木偶，什么都让我拿主意，什么都听我的。推他一下他就动一下，生活毫无激情。”小莉无奈地说，其实张先生一直都是这样的人，以前他们都把心思放在生意和孩子身上，所以也没什么不妥。但去年孩子上了高中，周一到周五都住校，只有周六晚上在家住，平时就她和老公两个人在家。每天除了工作，就是吃饭看电视，然后就是大眼瞪小眼。日复一日，她觉得老公越来越没有生活情趣。

生活变得索然无味，小莉只好到网上找乐子，跟陌生网友聊天。她在网上跟一些男性网友说日子很无聊，网友就每天对她说甜言蜜语，她感觉生活多了点乐趣，但想到丈夫她感觉自己跟网友玩暧昧有些对不起他，但老公又不能让她体会到生活的激情和乐趣，她又不想放弃现在的暧昧。她经常在自责和愧疚中偷偷到网上“寻刺激”。

小莉常常觉得，有这样忠诚顾家又卖力的老公，是自己的福气，可现在自己的丈夫没有任何生活情趣，她又觉得生活没意思。他们是曾经一起吃过苦的患难夫妻，情深义重，她不会与丈夫离婚，可一想现在才不惑之年，要这样索然无味地熬过一辈子，小莉便只有逃避到网络聊天之中，婚姻中再也不见两人曾经的依恋，而是低头的沉默。

（资料来源：笔者依据相关资料整理）

婚姻幸福绝不是理所当然、信手可得的，维持幸福的婚姻是我们这一生最艰巨的任务，这不只需要配偶双方的共同努力，两人努力的方法也必须要跟随着家庭生活周期的发展、配偶双方个人人生目标的成长和转变不断地沟通和调整，我们都不是与生俱来就知道该如何维持幸福婚姻的，适时的学习才是明智的决定。

案例中，小莉与丈夫的婚姻产生问题之后，并未尝试通过沟通向丈夫表达自己的需求，从而使得婚姻重新富有激情，而是选择用逃避的方式从网络上获取安慰。若想婚姻重新焕发出往日的活力，小莉应该努力与丈夫搭建沟通的桥梁，委婉合适地表达自己的想法，与丈夫共同想办法来提高婚姻的质量，必要的时候可寻找专业人士来解决婚姻中的问题。

巧技能 2

亲密关系的沟通内容

婚前沟通内容	婚后沟通内容
□ 1. 双方成长轨迹	□ 1. 夫妻基本角色
□ 2. 过往亲密关系	□ 2. 金钱关系问题
□ 3. 过往生活遭遇	□ 3. 父母孝敬问题
□ 4. 职业发展情况	□ 4. 子女培养问题
□ 5. 未来生活规划	□ 5. 家庭决策机制
□ 6. 家庭生活期望	□ 6. 约定独处时间
□ 7. 具体结婚安排	
□ 8. 冲突管理方式	

三、重视亲子沟通

现在，请你拿出一张纸、一支笔，仔细地想想，自己与孩子在一天之内进行的沟通主要在什么时候？每次时间多长？比如，在晚上八点后，大概一个半小时；或者是在早晨，大概半个小时；或者是随时随地的沟通，每天时间约两个小时，等等。

然后，请你写下与孩子进行沟通的主要内容和方式。比如，主要跟孩子聊天、谈心来教育孩子；或者是命令的口气让孩子听从父母教诲；或者只是监督孩子学习，告诉孩子什么可以做，什么不可以做，等等。

最后，请你写出，在什么样的情况下与孩子沟通的效果好一些，什么样的情况与孩子沟通的效果差一些。比如，在与孩子聊天、谈心、游戏的情况下，效果会好一些；在把孩子叫到房间正经地教训时，效果比较差；用平等、温和、友好的态度与孩子沟通时，效果比较好；用权威、粗暴、教训的态度与孩子沟通时，效果比较差，等等。

这样做，主要是希望你反省一下自己与孩子的沟通情况，找出与孩子之间的良好沟通是建立在什么样的情境下，不好的沟通是建立在什么样的情境下。

写完这三个方面，你就可以分析一下自己和孩子每天有多少时间在一起，在一起的时候都做了些什么，和孩子主要是通过什么方式来沟通的，沟通的效果怎样。通过这些分析，你就可以对自己与孩子之间的沟通情况有大概的了解。

（一）亲子沟通的重要性

总体来说，亲子沟通的作用主要是提升父母效能、培养健康孩子。

1. 不再因为无效的沟通而伤害孩子

2. 能和孩子和谐相处

3. 能帮助孩子发展

（1）懂得人际关系的重要性

家庭中的沟通教育可以使孩子比较早地认识到人际关系的重要性，孩子通过交往享受到人与人之间最美好的东西，享受和满足家庭成员、同学、师生之间的情感需要，理解爱的真正意义。

（2）让孩子懂得替他人着想

通过沟通教育，可以让孩子明白和谐的意义，说话做事时懂得替别人着想，懂得如何战胜自己的人性弱点，慢慢地能够控制自己的情绪。

（3）逐渐成为受欢迎的孩子

因为良好沟通的过程就是树立自我形象的过程，懂得做事、做人的道理，懂得了沟通的理念和巧技能，说话做事懂得尊重他人，时时处处替他人着想，这样，孩子就能深受爸妈、老师和同学的喜爱。

（二）亲子沟通的方法

1. 培养孩子对个人能力的感知力——鼓励他说“我能行！”

情景一：孩子在遇到挫折时会显得沮丧和想要放弃。家长就可以用积极倾听去支持孩子，而不是用道理和预见去打击孩子，毁灭孩子的自信。家长甚至可以袒露自己小时候其实也做不好来鼓励孩子。让孩子知道，坚持行动总能使能力有所提升。

沟通策略:“你很想第一次就做好，是不是？做不好让你觉得很气馁，是吗？妈妈也有这样的感受。只是，有些事情确实不那么容易，需要多一些时间练习。我们不急，我们可以多给自己一些时间去练习练习，你说呢？我们总会把它搞定的。想想自己已经搞定的那些事情，我们不都是在多次练习后做到的吗？”

2. 培养孩子对自己在关系中自我价值的感知力

人是关系动物。我们都需要归属于不同范围的群体，并在群体中觉得自己有价值。这份价值根本地取决于对群体的贡献。

当孩子在家里不是一味地被施与，也会对家人有所付出时，孩子就能感受到自身的价值，并在家庭以外的群体中积极地去付出和奉献。

沟通策略：

（1）邀合作：告诉孩子你需要他的合作或支持。

（2）给理由：说明你为什么需要他的合作。

（3）谈感受：理解孩子的感受，也告诉孩子你的感受。

（4）说清楚：告诉孩子具体做什么。

（5）定方法：感谢孩子的支持，同时询问孩子会如何做。

（6）先负责：抱歉，我知道你也想做得更好些，出现现在的结果，我也对此负有责任。

（7）我们也要带着孩子去从事一些社区服务，让别人有机会向孩子传递那份感谢和敬意，这对孩子来说是一份很重要的心灵礼物。比如：在公共场所捡他人丢下的垃圾，去福利院和小朋友玩，去敬老院为老人表演节目，带着孩子去配合交警维持交通秩序。

3. 培养孩子对自身影响力的感知力

在教养过程中，当家长遇到孩子的挑战时，家长要展示出积极的心态，用“我—信息”去表达自己的感受、自己受到的影响和期望，发挥积极的影响力，在维持孩子尊严的情况下促进孩子行为的变化。比如：“你不配合我，我觉得累。如果我能得到你的积极配合，我们就会很开心地一起边玩边购物。”

当孩子在家长“我—信息”的示范和影响下，也就能学会积极的沟通巧技能，在孩子与同伴或他人的人际冲突中发挥积极的影响力。这样就促使孩子觉得自己有影响力，不会觉得自己无能为力、无可奈何了。

4. 培养孩子的内省能力：有能力理解个人的情绪，并能利用这种理解做到自律及自我控制

我们成人能发现这种现象，随着年龄的增加，我们对自己其实是越来越不能把握，越来越不能体验到自己的感觉，越来越不能利用你自己的感觉去发挥积极的作用。我们成年人的说话中几乎没有对于感受的表达，只有道理和事实。而正因为我们的交流和对话缺失了情绪的对话，所以冲突往往一触即发。

5. 培养孩子的人际交往合作能力：善于与他人合作，并在沟通、协作、协商、分享、共情和倾听的基础上建立友谊，发展关系

家长在亲子互动中要放弃权威，善用协商的方式和孩子解决冲突。这样就能训练孩子学会与他人协商与合作的巧技能和行为模式。家长可以用双赢沟通来和孩子协商解决问题。

6. 培养孩子的判断能力：运用智慧，根据适宜的价值观来评估局面

家长无须把自己的价值观强加于孩子，家长只要通过自己的行动和对话引导，相信孩子会培养出属于他自己的积极的价值观。当孩子因为情绪的影响导致认识一时偏离时，可以通过引导性、启发性的提问对话让孩子设身处地、换位思考、感同身受，使孩子认识局面并找到解决之道。

第三节 亲密沟通不顺畅的种种表现

男性思维是直线的，目的是发现问题、解决问题，男人注重字面意义，更理性，领会不到话语背后的情绪。而女性思维是曲线的，问题本身并不重要，她们更在意态度，女人强调感觉，喜欢夸张表达感受。情侣双方产生矛盾时，不少女性总是将“不如我们分手算了”挂在嘴边，实际是想对方安抚自己，提供情绪价值证明对自己坚定不移的爱，而男性往往领会不到话中之话，有的不知所措，有的甚至黯然离场。由于性别差异问题，男女双方在亲密关系中沟通不顺畅的表现各不相同，我们将分别进行分析。

一、女性沟通不顺畅的表现

1. 心口不一，让你猜

中国女性通常较为含蓄内敛，不擅长直接表露自己的想法，“话中带话”“故意说反话”“心口不一”是女性亲密沟通中的惯用伎俩，这些沟通方式常常让男性束手无策，他们难以猜到女性想要的正确“答案”，而女性因为对方给不了自己心中的标准“答案”而武断地认为男性不够爱自己，双方的关系也骤然紧张。

案例 1-8

林真心表达女孩心思

校园爱情电影《我的少女时代》中，女主角林真心为了帮助男主角徐太宇追求班花，向他倾囊相告许多女生的“秘密”。女性很多时候都会出现不一致的情况，心里明明不高兴了，但嘴上硬说自己还好。就像傻白甜林真心的那句名言“女孩子说没事的时候就是有事；说没关系的时候就是有关系；女孩子说她再也不理你的时候，不是真的讨厌你，而是她很在乎你。”

女性很喜欢通过这样的沟通模式来确认男性是否真的爱自己。当女性说“不用陪我了，你去忙吧”，其背后的主要目的还是想试探一下，究竟是自己重要，还是男性手头的事情重要。但其实很多时候男性并不懂女性在想什么，所以女性一定要主动把想法需求清楚明白地告诉男性，绝对不要不一致。

（资料来源：笔者依据相关资料整理）

2. 渴望情绪共鸣，而非意见建议

男性的思维大多是以解决问题为主的模式，而女性的思维模式则不同，表现在沟通过程中，是为了描述问题中自己的情况，表达自己的感受，她们更希望得到对方情绪上的共鸣和抚慰，而非系统的意见和建议。

案例 1-9

安安的工作烦恼

安安单位换了新的领导，新任领导的管理风格跟前任完全不同，给安安指派了很多以前没有接触的新工作，而且还经常需要出差。安安每天晚上都闷闷不乐，希望得到男友的安慰和开导。而理工科背景出身的男友常常以问题导向倾听安安的工作烦恼，然后给安安罗列几种不同的处理办法。他们的对话模式常常是这样的：

安安男友：安安你为什么不开心呢？

安安：我的新领导不公平，给我派了很多累活。

安安男友：你已经向他抗议了吗？（提供建议 / 出路）

安安：我已经说了却无用。

安安男友：如果这样的话，辞职好了。明天我联系我的一位朋友，他正在招聘新员工。（解决问题第二个步骤）

安安：我不要，我有自己的打算，不要给我规划人生。

安安男友：如果这样就不要闷闷不乐了，接受你的处境吧。（提供解决方法）

安安每次都感到生气郁闷。而男友又感到很无辜，自己帮助安安出谋划策，提了一大堆建设性意见，反倒被埋怨，心里也十分窝火。每次遇到安安抱怨工作或生活上的事情，男友都竭尽全力出谋划策，结果总是不尽如人意，甚至有时以争吵告终。直到安安无意中在微信公众号的推送中，发现了男女思维方式的巨大差异，了解到男友和自己思考问题关注点不同，而当双方面对差异时，彼此需要明确地表达出自己的需要，对方才能给予自己想要的反馈。安安需要的不是任何意见建议，而是男友以同情心对自己处境的同情和对自己受伤心灵的安慰。男友了解到安安的需求后，经常站在安安的角度体会安安遇到的困难，充分表达出同情与关心之情，安安的情绪也得到抚慰，心情也变得更加舒畅。

（资料来源：笔者依据相关资料整理）

3. 抛出两难问题，检视是否被爱

感性的女人常常需要通过提出两难的问题，来检视男性对她的爱与不爱、在乎与不在乎，从而获得安全感。而这些难以回答的问题，往往会引发多米诺骨牌效应，成为许多争吵的根源。千古奇难问题“我和你妈同时掉进水里，你先救谁”，这个问题曾经就让无数男性伤透了脑筋，亦是很多吵架的祸源。

4. 对比别人配偶，挑剔自己爱人

有的女性常常希望通过将别人的伴侣与自己的爱人相比较，让自己的爱人看出自身存在的缺陷和问题，从而达到促使更好地参与雄性竞争、让对方完善自我的目的。有的女性甚至放大别人配偶的优点，放大自己爱人的缺点，挑剔自己的伴侣，从而让双方感情一路下滑甚至跌人谷底。如果女人不能接纳自己伴侣的缺点，再相爱的两个人也难以维系幸福，欲望是吞噬人类幸福最致命的毒药。

案例 1-10

追悔莫及的张小姐

张小姐和丈夫结婚 7 年了，婚后丈夫对她非常好，几乎是百依百顺，任劳任怨，家里的经济来源也主要靠他。但因为张小姐过于追求完美，总爱拿自己老公和别人的老公比，比如嫌他有大肚腩，不如人家的老公身材好，觉得他学历不高，说话没水平，上不了大场面等。

这样的心态让张小姐情绪越来越不稳定，遇到小事常迁怒于丈夫，甩脸子，说刺儿话，冷嘲热讽。老公深深地爱着张小姐，同样也有些畏于她的强势，一直在迁就她，努力为她做出某些改变，但他的改变永远满足不了张小姐的心理要求。后来张小姐的要求越来越高，一旦任何事情没有达到张小姐的期望，各种难听的词汇便接踵而来，窝囊废，酒囊饭袋，说自己瞎了眼，张小姐老公的家庭生活苦不堪言，常常想一走了之。

终于有一天，老公终于忍无可忍地说："我已经很努力了，但自己仍然无法达到你的要求，咱们离婚吧，你再找个比我好的。"张小姐这才慌了神，怎么也不相信对自己不离不弃的丈夫会如此决绝地提出分手，她曾经一直认为老公的陪伴是理所当然的事情，对方会包容自己的所有任性。现在张小姐一心只想挽回自己的丈夫，却不知道他们的亲密关系早已满目疮痍。

（资料来源：笔者依据相关资料整理）

二、男性沟通不顺畅的表现

1. 爱藏心底，不善表达

女性天生是性格敏锐的动物，而男性则稍显木讷。当女性喜欢对方时，总会将“我爱你”说给喜欢的人听；而对男性而言，“爱在心口难开”。有的男性生来就不擅长说情话，不会随时将甜言蜜语挂在嘴边，而是用实际行动来证明自己的爱意。当女性搜寻男性深爱自己的语言“信号”时，不善表达的男性常常让她们觉得不在“爱的服务区”。

案例 1-11

不善表达的玥公子

热播古装传奇大戏《楚乔传》，奴籍少女楚乔成为宇文玥的贴身婢女。起初宇文玥看中的只是楚乔身手敏捷、勇敢果决的能力，认为她是“天生的战士”，企图将其培养成优秀的杀手，为自己所用。然而，在朝夕相处的训练中，玥公子逐渐被这个性格刚强而坚毅的女子所吸引，慢慢地爱上了楚乔。

生性内敛的玥公子不善言辞，惜字如金，虽一直默默地守护在楚乔身后，却不愿意将自己的爱慕告诉楚乔。宇文玥带着星儿（楚乔）逛灯市，专门给她做了一身衣服，在灯市上将看着像小兔子的街灯专门买给她，看到热闹非凡的灯市，专门伸出衣袖让楚乔牵着，却只是一本正经地说怕楚乔走丢了，自己还得去找。

楚乔准备带着同样在宇文玥府上做婢女的两个妹妹出逃，公子明明知道楚乔已经逃走，可还是期盼着她会回来，为她落了锁，留了门，留了灯，一直在等楚乔回家。可当楚乔和妹妹未能成功逃走，返回府中时，公子却故意熄了灯，夜不能寐，不知如何表达自己的感情。

当楚乔因小人暗算受伤之后，玥公子不顾一切地要救她性命，因为给楚乔运功疗伤，导致自己眼睛暂时失明。大梁公主看穿了玥公子对楚乔的一片痴心，以楚乔为借口陷害公子，生性谨慎的玥公子却毫不犹豫地以身试险。

不善于表达的玥公子并没把握时机，向楚乔表露自己的爱慕之情，而是一直默默牺牲自己保护楚乔的安全。女主角并不知道公子对她的一片深情，甚至对公子还有极大的误解，不善言辞的公子也未曾进行过任何辩解。于是，两人在分分合合的乱世中分开了十年之久，公子也因过度思恋楚乔而白了头发。

（资料来源：笔者依据相关资料整理）

2. 过于理智，不够浪漫

过于理智的男性绝不在少数，他们一直将做事的原则放在首位，将行动理性化，内心果敢坚决。当原则至上的男性遇到天生感性的女人时，幻想浪漫爱情的女性无法接受自己在男人心中敌不过所谓的原则，她们常常会故意试探男人的底线原则，而理智的男性也不懂如何巧妙地应付周旋，最终只有矛盾重重。

案例 1-12

达康书记的婚姻

《人民的名义》迅速火起，其中尤以李达康书记饱受观众追捧和喜爱。论职务，达康书记是一把手，敬重权力；论工作，达康书记尽心尽责，鞠躬尽瘁；论良心，达康书记胸怀百姓，专做实事。论婚姻，达康书记却是一团糟。

欧阳菁漂亮出众，家境优越，追求者无数。当年农村出身的李达康追求欧阳菁时十分用心，得知欧阳菁喜欢吃海蛎子，拿着一个袋子光脚在海边捡了一晚上的海蛎子，第二天扛给了欧阳菁。欧阳菁外表虽看起来强悍霸道，内心却特别敏感脆弱，当感到从没人对她这么细心这么在乎时，一袋子海蛎子收服了她的心，最终选择了嫁给李达康。

而爱情婚姻，对于李达康书记而言，只是他的后盾，并不在他的经营范围之内。他经营的只有他的权力地位和一心一意为人民办实事的心。达康书记把所有的热情都奉献给了工作，受到了人民群众的喜爱，但他却忽视了将多余的光和热给自己的妻子。而生性心思细腻、渴望被爱的依恋性女人欧阳菁受到丈夫的冷落忽视和情感隔离之后，她希望通过挑战丈夫铁面无情不通融的工作原则，来证明自己依然被爱，却又被达康书记严词拒绝。原本就情感失意的妻子对“六亲不认，唯政至上”的丈夫彻底失去了信心，从而也导致了他们长达八年的分居生活。如果像侯亮平所说的，达康书记在坚持自己原则的同时，适当地哄哄欧阳菁，制造点她所希望的浪漫，他们的婚姻或许可以幸福地延续下去。

（资料来源：笔者依据相关资料整理）

3. 重视沟通结果，轻视沟通过程

男性做事情往往具有目的性且重视结果，而女性更在意做事情的过程。女人逛街往往没有目的，男人一般买之前就打定好了主意。女人事先并没有特别想买的东西，但大多会在闲逛中临时决定买什么。男性则是计划好要买哪几样，然后直奔货架而去。商场中购物的人中为什么女人多，女人买衣服穿了又穿试了又试，而男人买衣服则告诉大小码号直接买了就走。从购物方式的不同也可以看出男人和女人沟通方式的不同，男人是直奔主题寻求结果，而女人是享受沟通过程。

4. 专注手头事情，一心不能二用

从进化心理学上解释，古代男性负责打猎，女性负责照看小孩和做饭，男性需要集中精力专心致志地捕获猎物，女性需要同时做好几件事情以保证生活的正常运转，这决定了相对女性的一心多用而言，男性更加专注于手头的事情。当男性正在忙于工作或游戏开战时，女性若在此时非要对方与自己进行沟通交流，沟通结果往往不尽如人意，甚至还会产生矛盾和争吵。

案例 1-13

忙碌的男朋友

陈菲和小跃是一对校园情侣，两人恋爱已经三年多了，在一起时总是特别甜蜜，令周围的同学非常羡慕。去年9月，小跃通过申请国家公派留学项目前往美国进行为期1年的访问学习，虽然陈菲对小跃万般不舍，但一想到机会难得，还是支持小跃出国学习深造。刚开始的一段时间，两人克服了时差，每天都通过网络电话聊天交流。后来，小跃所在的实验室经常需要加班加点地跑数据，陈菲要求视频聊天，小跃简短地聊了几句便草草地结束视频重新投入到实验之中。由于工科男生很多，闲暇之余小跃在同学的邀请下经常组队玩游戏，有时正好在游戏正酣的时候，陈菲发起视频邀请要求与小跃视频，有好几次因为小跃的分心，导致团队合作失利，小跃遭到队友的埋怨，后来小跃要求游戏结束后再找陈菲聊天。陈菲觉得自从男友去了美国，工作繁忙没办法好好沟通交流，打游戏的时候也不能好好聊天，是不是男友不爱自己了？以前的男友不是这样的啊！陈菲感到特别伤心。回想自己，只要男友发来视频聊天，不管自己是学习、逛街还是看韩剧，都会放下手中的事情，全心全意地与他交流，越发觉得自己爱男友超过了男友爱自己，越想越不是滋味，越想越感到委屈。于是又鼓起勇气给正在玩游戏的男友发起了视频聊天，游戏中的男友心烦气躁地关了手机，陈菲感到气急败坏。

等男友游戏结束后再联系陈菲时，陈菲再也控制不住怒火，狠狠地骂了一顿，男友则感觉陈菲不理解自己，不等陈菲骂完就挂断电话，二人的关系进入了“冷战”。

（资料来源：笔者依据相关资料整理）

2
chapter

第二章

强而不霸，弱却有心

我们都以为，好的关系是“平等”的。但是实际生活中，任何人际关系，都会涉及“权力不平衡”的问题，伴侣间力量感的差异，似乎才是亲密关系的常态。人们会或多或少、在不同的时间，感受到这种不对等。即关系中，一些人比其他人拥有更多的权力、处于优势地位，从而使他们能在更大程度上去控制和影响其他人，以及彼此的关系，而占据优势地位的一方会比他的伴侣，拥有更大的决策权或是他的需求会被优先满足。

亲密关系双方总是在强弱的相互对峙中寻求平衡与和谐的。强者在亲密关系中往往掌握更大的权力、具有更大的影响力，控制交往节奏与相处规则；而弱者则处于相对被动的地位，对于强者更多的是顺从与遵守。

强弱制衡、阴阳互补不失为一种和谐相处之道，但是在亲密关系中，当过分的强表现为一方霸权，过分的弱造成一方过于迁就时，亲密关系就会出现失衡，往往酝酿着更大的危机。因而亲密关系的关键在于处理好强者和弱者的关系，做到强而不霸，弱却有心。

接下来，可以通过以下几个方面来思考在你的亲密关系中，强弱差异是否已成为一个问题。

1. 很多时候，你只是那个“被告知”的人

在你们的关系中，小到看什么电影，大到是否要结婚、是否生孩子、去哪座城市生活等都是由他决定的。不仅如此，当需要牺牲、妥协的时候，那个人通常都会是你。

2. 当矛盾或冲突出现时，他从来不主动道歉，即便过错在他

你都是那个需要先道歉的人，否则你们很有可能陷入无休止的争吵之中。

3. 你觉得他对你总是有各种各样的要求，满足了一个要求之后又会有新的要求

比如，他希望你学着做中餐，而当你学会了之后，又希望你还会做西餐、会烘焙等。

4. 你觉得你们的关系好像一场追逐游戏

追的人是你——你需要不断去靠近他，你对这种追逐似乎已经感到疲倦，而他还有可能随时随地终止游戏。

如果上述描述中，有让你觉得特别符合你的情况，那么，力量感的差异在你们的关系中已经值得被重视，你们的关系中的确存在了“权力的不平衡”。那么我们应该如何去改变这一状况，成为亲密关系中的巧者呢？

第一节 亲密关系中弱如何做有心人

夫妻关系中，小事你做主，大事他做主。但往往，小事都是琐碎的，而大事才是你在乎的，你是话语权的弱者。亲子关系中，你的人生牢牢控制在父母手中，按照他们给你铺好的道路行走，你是成长的弱者。婆媳关系中，强势的婆婆总是给你太多要求，对你太多不满，你是相对地位上的弱者。

每个人在亲密关系中都有不同的角色，弱势的人往往表现出强依附性、低满足感、低安全度。从依恋类型看，弱势的人大多属于痴迷型或恐惧型的依恋类型。弱可以是一时的，但不能是一世的，我们该如何改变弱的境地，让亲密关系朝着更好的方向发展呢?

首先，我们要明白，在一段亲密关系中，你为什么会成为“弱者”，然后针对弱势原因对症下药、提升自己。其次，我们要学会审时度势，根据亲密关系的不同阶段，因时制宜。最后，我们还需要学会将自己的目标变成别人的需求，将自己改变现状、提升地位的目标融合进亲密关系另一方的需求，以求得在关系平稳发展中实现自己的目标。

一、明确原因，对症下药

（一）女性处于弱势的原因

1. 太过依赖，经济和人格上都难自立

人们常说：女人是藤，男人是树；女人是水，男人是缸。这其中就包含一个女人依赖性的问题，自古以来，人们仿佛已经把女人依靠男人作为一种理所当然。但在当今这样一个女性意识觉醒的年代里，显然部分女性的自立并没有跟上她们意识觉醒的脚步，这就有了矛盾，而这个矛盾常常以女性在婚姻中的弱势形式表现出来。其实，社会越是发展，就越是需要女人的自立，永远靠男人是不行的。女人不但要有自己一定的经济收入，而且要从思想和情感上自立起来，要在不依靠任何人的情况下同样可以生活得幸福。这样对方才

能真正从心底在乎你和尊重你，并最终给你一个平等甚至是超过他本人的一个地位。甚至从某种程度上来说，女人的自立就是女人婚姻的生命，时刻都不能丢。

2. 太过看重婚姻，以至于婚姻和孩子成为自己的软肋

一般而言，在对待婚姻的观念上，多数女人要比男人重视、慎重一些。大多数女人，依然把婚姻当成一生中极其重要的一件大事，把它看成未来幸福生活的寄托。婚前，女人常为这样一场“人生赌博”而举棋不定；婚后，女人常为这样一场略带“赌博”性质的抉择而不断审视、比较、拷问正确性甚至后悔。对待婚姻，女人常作为一个轰轰烈烈全身“投入进去”的角色，她们越是想把婚姻经营得好，越是想让老公和孩子们满意，就越是把事情弄得更糟，越是容易失去自我。夫妻两人吵架，明明是自己有理，却会因为顾及父母的面子和孩子的感受，不敢大声吵，好不容易借着吵架回娘家，可没两天，还是放不下家里的一切，老公不请主动回来。一方面，对婚姻充满的期待使她们敏感和警惕；另一方面，“不能失败、伤不起”的心态一开始就使她们处于“脆弱”的态势。

3. 受传统文化的影响，自视为弱者

对于封建传统来说，女人一直都是处于劣势的。传统道德总是对女人要求太多，对男人宽容有加。所以从小父母给予我们的教育，对女孩子的传统意识教育也是多于男孩子的。教育女儿要贤良，要让着老公，要会持家顾家，要照顾男人面子，让男人当家。于是，结婚后女人们便会处处谨小慎微，会认为男人是一家之主，赚了钱养了家，自己就得让着他。说白了，到现在为止，女性朋友也没有认清楚自己在婚姻中应该处于哪个位置。不自觉地就会把自己定位在下等的那一方，自己都不自觉地贬低自己。

案例 2-1

弃妇的不同人生

朱安与张幼仪的遭遇有些类似。都是包办婚姻，嫁给写字的人。一个嫁的是一代文豪鲁迅，另一个嫁给著名诗人徐志摩。他们对她们都不好，鲁迅一生都没有与朱安圆房，徐志摩与张幼仪的夫妻生活是为传宗接代。

张幼仪给徐志摩生了孩子，被弃的遭遇依然没有改变。徐志摩就是不喜欢她，无论她怎么努力。于是，张幼仪放弃了这段不幸的婚姻。其实，她也可以不放弃的，比如她可以不在离婚协议书上签字，也可以在签字后，在徐志摩父母的撑腰下反悔。她却并没有如此。她是不愿做那把秋天的扇子，忍受不爱的凌迟。

放弃得有些艰难，在那样一个年代，顶着离婚被众人非议的压力，带着年幼的孩子重新开始。

按说，离婚了，张幼仪完全可以拍拍手，与徐家自此无关。她却没有。她心里还是有情有爱的。在公婆要求收她为继女时，她答应了。想想徐志摩的父母也是够难为张幼仪了。张幼仪爱公婆，无非是因为他们是徐志摩的父母，现在连婚姻都没有了，还要扯上这层关系，让她在旧情旧景中，暗自伤心。

好在，张幼仪是个有文化的女子，自幼就受过良好的教育，又有不错的家庭背景，所以她明白该怎样调整自己。她继续读书，完善自己，在1926年回国后，去东吴大学教德文，后来又转战商界，成为上海女子商业储蓄银行副总裁、云裳服装公司总经理。

这期间，徐志摩没追上林徽因，却与陆小曼完了婚。张幼仪并没有在这些情爱伤悲中沉沦，她在用行动证明离婚并不可怕，比离婚更可怕的是做那把秋天的扇子，毫无用处。

朱安呢，却当了一辈子秋天的扇子。看看鲁迅先生是如何待她的。朱安是小脚，知道鲁迅喜欢大脚，在新婚时，穿了一双大鞋，给鞋子里塞了棉花，谁知下轿时，鞋子滑掉，让鲁迅很是讥讽。

鲁迅讥讽朱安的小脚，讥讽朱安不识字，讥讽朱安长得难看。朱安心里难过，却还是满怀希望地做蜗牛，吃力地往上爬，想着总有一天先生能明白她的好，接纳她。

在朱安的思想意识里，嫁了鲁迅，这辈子就生是周家的人，死是周家的鬼，鲁迅的立场就是她的立场。就连鲁迅与二弟周作人反目，朱安也记在心里，在鲁迅死后，她宁愿挨饿，也不受周作人的接济。她的这些想法与张幼仪是不同的，张幼仪爱徐志摩，却不想失去自己。

不同的思想，导致了她们相似的命运，不同的结局。

朱安后来已不是爱鲁迅，而是讨好和巴结，在鲁迅的冷淡里，她依然展现着自己的韧劲儿，努力把先生往自己身边拉。

1919年，鲁迅在北京买下一处院子，接母亲同住，问朱安愿意不愿意过来。如果朱安想结束这种守活寡的生活，不再跟过来，鲁迅也是愿意的。然而，朱安非常乐意跟过来。

鲁迅对朱安采取的态度是，当她不存在。他内心为这桩不爱的婚姻痛苦万分，却不说离婚。他明白，对于一个大字不识的女人来说，抛弃她就等于把她往死路上赶。

朱安要跟过来，鲁迅只能接纳她。最可怜的是朱安还以为先生有了与她在一起的意思，晚上铺好床被，等鲁迅同睡。哪想，鲁迅看到铺好的床被，心头的火一股脑涌出来，他掀掉被子，闹着要把床拆了。

朱安明白了，先生并没有要与她同床的意思。她委屈着，依然讨好着他。那以后，鲁迅与她分床，不穿她补的衣服。但是在朱安生病时，他还是会带她去看病。

无疑，鲁迅这种做法是残忍的。如果对朱安坏到底，朱安也就死了心。可是他内心偶尔的不忍，比如不休妻，让朱安搬来同住，她生病的时候带她看病，无疑让朱安觉得先生对她还是仁慈的。

这种仁慈，让她看见了希望，为了那个希望她宁愿讨好他。

于是，在鲁迅说有一种糕点好吃时，朱安马上接口说她也吃过，是很好吃。本来是想讨鲁迅高兴，却哪知，这种糕点是鲁迅在日本吃的，朱安见都没见过。

朱安也亲眼见过鲁迅温情的一面。搬到新院时，他教邻家的一对姐妹做运动，两个姐妹很年轻，做起运动来很好看。朱安看着，羡慕万分，也跟着在一旁扭动身体，而她裹着一双小脚，扭动身体的样子很滑稽，鲁迅扭脸看到，更是嫌恶她了。

在鲁迅与许广平同居后，朱安非常难过，终于死了心。就这样，她依然没有想过离开鲁迅。这年朱安已五十岁，一个年老的女人，长得不好看，也没文化，年轻时没有想过离开鲁迅，到年龄大时更不可能了。她没有张幼仪的智慧和勇气，也没有孩子寄托，此路不通，她只能在没有希望后，依然留在周家照顾婆婆。

朱安说的最伤心的一句话是，她是鲁迅的遗物。跟了鲁迅一辈子，没有享受过正常女人该有的生活，孩子也没有。她只有一个名分。她与鲁迅的书稿一样，毫无生命，只是鲁迅先生的遗物。

相比朱安，张幼仪是不幸里的幸运者，离开徐志摩后，她找回了自己，事业成功，在54岁时，再嫁给一个姓苏的医生，苏医生对她很好，给了她温暖的后半生。

（资料来源：张幼仪《徐志摩丢在秋天里的扇子》）

以上案例中张幼仪发现无论她怎么努力，就算是为徐志摩生了孩子，徐志摩就是不喜欢她。于是，张幼仪放弃了这段不幸的婚姻，她明白该怎样调整自己，不停地提升自己。这与朱安委曲求全、痴迷依恋形成了鲜明的对比。朱安就是典型的亲密关系中的弱者，在心里太过依赖丈夫，太过看重婚姻，自视为弱者。在朱安的思想意识里，嫁了鲁迅，这辈子就生是周家的人，死是周家的鬼，鲁迅的立场就是她的立场。正如她自己说的那句伤心话，她是鲁迅的“遗物”，毫无生命。

亲密关系中处于弱势的女性要学会与自己相处，明确自己处于弱势的原因，对症下药，做到弱却有心，像张幼仪一样活得更加漂亮。巧者会尊重自己的真情实感，真实地做自己，带着真实也带着理解与包容，然后，真实才能遇见真实、遇见共鸣。努力去爱别人，不如提升自己，让自己变得更可爱，更值得爱。

（二）男性处于弱势的原因

1. 家庭因素

（1）单亲家庭

即使到现在，还是有很多人会避免与单亲出身的孩子组建家庭，这是一种朴素的、规避家庭风险的手段。因为不可否认，很大一部分单亲家庭的孩子缺少良性的亲密关系范本，没能建立起好的亲密模式，或多或少会带着上一辈的问题走入自己的婚姻。大众并不懂心理学，不想明白那么多为什么，他们只知道用最简单的方法去规避风险，那就是单亲的不要。

事情往往都有两面性。单亲孩子对于家庭的理解，是幸福家庭的孩子所不能想象之深刻。他们对婚姻、爱情的思考和求索，从很小的年龄就开始了，在心智成熟方面，他们可能会领先于和平家庭的小孩。深植于他们内心的对温暖家庭的向往，是促使他们不懈努力的动力。

案例 2-2

李刚抱得美人归

李刚和王芳恋爱了小半年了，最近，王芳跟父母表达了想要让李刚来见见他们的想法，父母详细地询问了李刚的情况。当听到李刚是单亲家庭长大的，父母表现出了强烈的反对，他们苦口婆心地劝王芳分手，说："万一今后李刚的母亲老了赖在你们家要一起生活呢！李刚从小缺乏父爱，性格不健全，万一像他爸那样家暴你怎么办？李刚没有好的父亲作为榜样，对于承担家庭责任无法胜任，怎么给你幸福？"

王芳与父母进行了激烈的争吵，但是父母根本听不进去，总之单亲就是不行！其实在争吵过后，王芳心中也有些顾虑，于是在交往过程中她也在不断观察李刚，但是李刚的表现一直都很好，不知道的人很难看出他是单亲家庭由母亲一手带大的孩子。反而，很多时候李刚比别人更能察觉王芳的情绪，也更愿意承担好的不好的事情，王芳渐渐地想要将自己的终身托付给李刚。

李刚并不是一个迟钝的人，他很明白王芳的顾虑，于是他主动向王芳及她的父母坦诚诉说了自己的经历：小时候父亲经常家暴母亲，母亲某一句话说得不对，父亲就会言语侮辱母亲，甚至拳打脚踢。但是有时父亲心情好，就会和颜悦色地对待她们母子二人，这时的母亲往往是神色紧张，生怕自己哪里做得又让父亲不满意，李刚看了也很心疼。在忍受了几年这样的生活后，李刚的母亲终于下定决心带着李刚离开父亲。离开父亲后，母子二人相依为命，很快，母亲就意识到自己不能给李刚营造出他们母子二人相依为命的家庭氛围，这样会使他们都过于依赖彼此。而李刚，因为见到了母亲受父亲折磨的痛苦，更加深刻地体会到男人要对女人尊重、男人要能承担起家庭的责任、男人要对自己的情绪负责，不能伤害他人，尤其是自己最亲的爱人。所以在以后的生活中，李刚有意识地去培养自己，他在学校里担任班长、学生会干部，学着承担责任。他很孝敬母亲，同时逐渐培养起自己的独立人格，也鼓励母亲寻找爱人，既不让自己过于依赖母亲，也不让母亲过于依赖自己。

王芳听到这些非常感动，在后来的生活中，她也印证了李刚说的都是真的，在父母及亲朋好友的祝福与见证下，他们终于喜结连理。

（资料来源：笔者依据相关资料整理）

怕父亲忽然发火催生出的良好的情绪感知能力，不想让母亲再受虐待而学会了男人的担当，这一切，使他和母亲有了良好的亲子关系，将单亲的弱势变成了优势。

单亲也许会让人的性格变得敏感，但也能让人更坚强独立；单亲让一个人的童年没有那么完整，但也让他更下定决心要给自己的孩子更幸福的成长回忆；单亲让人们对血缘亲人有了重新的定义，但也让人们更加珍惜即便见过自己最丑陋样子也愿意留在身边的朋友。

（2）农村家庭

农村家庭经常成为男性在亲密关系中的绊脚石，甚至有人将出身农村、在城市打拼得还不错的男人称为“凤凰男”，意思是“鸡窝里飞出来的金凤凰”，虽然离开相对贫困的生活环境，但是仍然保留许多朴素观念和传统思想。

农村家庭的男性为人诟病的另一个原因主要是“穷亲戚”。亲戚们会因为他在城里，从而让他帮很多忙、来找他看病、想要把自己的孩子送到他身边接受熏陶等。这就使得男性在亲密关系中处于尴尬的地位，尤其是女方家庭如果比较好的话，男性的弱势地位就更加明显。

家庭并不是塑造一个人唯一的地方，如果单亲家庭的孩子能在自己的人生中，逐渐形成正确的婚恋观念，那么他们便和一般家庭的孩子没有什么不同。如果你是农村家庭出来的，而配偶是城里人，你们就一定不能幸福吗？当然不是！还是那句话，一切看人。过往的经历，是劫难，还是宝藏，全看拥有它的人怎么想。

2. 经济因素

“老婆，累了吧，我给你熬了银耳莲子羹……”看《婚姻保卫战》里黄磊系着围裙弓身端出一碗热腾腾的汤送到袁立面前，电视机前的女性肯定会羡慕嫉妒自己怎么没嫁个这么体贴入微的老公。而大多数男性朋友则忍不住愤怒地不解：如今的男人，怎么有些回归家庭做起了“煮夫”？

社会学学者克里斯廷·蒙施调查了年龄在 18 ～ 28 岁范围内的

年轻夫妇的收入和夫妻关系状况。她在研究报告中指出，传统观念中，男主外女主内，男人应承担起家庭经济的重担。如果家庭中男性的收入不如女性的高，男性可能会觉得“男权”受到了威胁。

随着社会的发展，女性受教育程度不断提高，女权意识不断觉醒，人们也逐渐创造出了不少新型的婚姻模式，“女强男弱”型的亲密关系已悄然出现在我们身边。产生这种模式的原因，有些是因为男性主动让位于较为强势的另一半，有些是亲密关系双方经由商讨达成的共识，而还有一部分，则是因为男性的经济地位受限。

男性若是在亲密关系中因为经济因素而处于弱势，那么就应明确经济因素是可变的还是不可变的。如果经济差距悬殊，男性也不宜放弃，至少要跟之前的自己相比，不断进步。若是经济差距不太大，建议男性可以选定方向、积极努力，争取获得经济上的平等地位。其实很多时候，经济是一个重要的因素，但是对于经济上处于强势的女性来说，比经济更重要的是面对这样的经济情况，男性是否尝试努力改变现状，不断进步。比如我们熟知的曾为台湾地区首富的企业家郭台铭，他小时候家里很穷，从小到大一直住在寺庙里，就这样，还得跟一家 6 口人挤在不到 10 平方米的房间里。后来他认识了台北医学大学（当时名为台北医学院）的校花林淑如，她的父亲是亚视董事局主席林百欣，家族资产有 90 亿元。一个是专科生，一个是大学校花，一个是没地方住的穷小子，一个是顶级白富美。毫无疑问，郭台铭在这段亲密关系中处于经济弱势，但是面对这样的情况，郭台铭并没有止步不前，他用林淑如从娘家拿的将近 100 万元开始了自己发迹之路，最终走向了辉煌的人生。

二、审时度势，因时制宜

案例 2-3

娶妻当得阴丽华

汉光武帝刘秀还没有起兵打天下之前，曾经到过新野，听说阴君有个女儿名叫阴丽华，长得美貌无双。刘秀虽然没有见到过，却从心眼里喜欢她，总是念念不忘。他后来到长安，见到执金吾（掌管京师卫戍的武官）出行时车骑随从之盛，不由感慨说道："仕宦当作执金吾，娶妻当得阴丽华。"

更始元年（二三年）六月，刘秀在昆阳大败新莽军后，终于到宛县（今河南南阳市）与阴丽华成了亲。婚后不久，刘秀便率军西去洛阳，阴丽华随军不便，回到家乡新野。

第二年春天，刘秀去攻打邯郸王郎，在真定得到了当地大姓郭昌的女儿郭圣通，对她很是宠爱，郭圣通比起阴丽华运气要好些，婚后一直跟随在刘秀身旁，到第二年刘秀登基称帝，郭圣通已生下了皇子刘强。

阴丽华则是在刘秀继位后才命人接到洛阳来的。起初她与郭圣通都被封为贵人。可是等到要选立皇后时，便有了麻烦。按说阴丽华被迎娶在先，应当立为皇后；可是阴丽华为人雅性宽仁，一再推辞，况且郭圣通此时已经有了儿子，最终还是立了郭圣通为皇后。

阴丽华身为刘秀妃嫔，与刘秀同甘共苦，亲眼见证着这个王朝的建立。当然这段爱情最后确实有了正果，当阴丽华三十七岁的时候，刘秀因为郭皇后的狂傲盛气凌人，下诏废掉了她，立阴丽华做皇后。此时距离阴丽华嫁给刘秀已经快二十个春秋了。

（资料来源：笔者依据相关资料整理）

在这段亲密关系中，阴丽华无疑是处于弱势地位的，毕竟“可怜红颜总薄命，最是无情帝王家”，她没有任何能力站在一个平等的地位进行选择。但是，在选立皇后时，阴丽华是占理的，那么阴丽华为何不抓住有利的时机进行反扑或者取而代之，还要一个劲地支持郭圣通做皇后呢？这就不得不说阴丽华是具有审时度势能力的女人了。

其一，政治的需要。当时郭圣通属于名门望族，母亲是真定王家族，有了这层关系，对刘秀安抚河北一带的上流社会特别有好处。另外刘秀本身就有反复无常的个性，抓住了郭圣通这个棋子，自然可以左右当时某些人的思想。当然这就要让阴丽华做出牺牲，不做皇后，让郭圣通私下放出话，这个皇帝对自己实实在在是好。

其二，恩爱的需要。刘秀爱着阴丽华，这不是一般的爱，阴丽华从内心里感觉得到。爱是相互的，既然爱一个人，就要为对方分担忧愁。阴丽华知道，让丈夫牵肠挂肚的事情不是别的，就是大汉的江山统一，而郭圣通家里属于名门望族，如果不处理好这层关系，让刘秀头痛的事会更多。

其三，郭圣通的需要。当时郭圣通已经生下一个男孩，而且又被立为太子。自己和刘秀离多聚少，没能生下一男半女，不孝有三无后为大，因此阴丽华才不愿自己做皇后。

案例 2-4

纳什的风雨人生

著名经济学家、博弈论创始人、《美丽心灵》男主角原型约翰·纳什曾是位神经失常的病人。他的妻子艾里西亚是他的学生，婚前的纳什并没有显著的症状，但婚后不久，他精神失常的症状就显露出来了。纳什30岁刚取得麻省理工学院的终身职位时，艾里西亚怀孕了。后来他们的儿子John Charles Martin Nash出生后，纳什因为幻听幻觉被确诊为严重的精神分裂症，然后是接二连三的诊治，短暂的恢复和新的复发。

1960年夏天，他目光呆滞，蓬头垢面，长发披肩，胡子犹如丛生的杂草，在普林斯顿的街头上光着脚丫子晃晃悠悠，人们见了他都尽量躲着他。1962年，当他被认为是理所当然的Fields奖——数学领域里的诺贝尔奖（Nobel）的获得者时，他的精神状况使他失之交臂。就这样，他几乎被学术界遗忘了。到20世纪80年代，有几项荣誉都几乎要授予他，最终都因为他的病症而放弃。

几年后，因为艾里西亚无法忍受在纳什的阴影下生活，他们离婚了，但是她并没有放弃纳什。离婚以后，艾里西亚再也没有结婚，她依靠自己作为电脑程序员的微薄收入和亲友的接济，继续照料前夫和他们唯一的儿子。她坚持纳什应该留在普林斯顿，因为如果一个人行为古怪，在别的地方会被当成疯子，而在普林斯顿这个广纳天才的地方，人们会充满爱心地想，他可能是一个天才。

艾里西亚在纳什生病期间精心照料他30年。到1970年的时候，他已经辗转了几家精神病医院，病情逐渐稳定下来。20世纪80年代末期，纳什渐渐康复，从疯癫中苏醒。1994年，他和其他两位博弈论学家共同获得了诺贝尔经济学奖。

在2001年，经过几十年风风雨雨的艾里西亚与约翰纳什复婚了。事实上，在漫长的岁月里，艾里西亚在心灵上从来没有离开过纳什。她并没有在纳什精神失常以后就放弃他，甚至是在他通过法庭与其离婚之后，依然对纳什不离不弃。据说有不到8%的狂躁型精神分裂者最终恢复了正常，而在纳什的例子中，艾里西亚无疑是最重要的动因。如果没有艾里西亚，纳什可能现在还是那位“普林斯顿的幽灵”。这个伟大的女性用一生与命运进行博弈，她终于取得了胜利。而纳什，也在得与失的博弈中取得了均衡。

（资料来源：笔者依据相关资料整理）

在亲密关系中，如果你处于绝对的弱势地位，立刻改变现状的可能性微乎其微，你能做的就是需要审时度势、因时制宜、周全考虑。无论是阴丽华还是艾里西亚，她们都清楚地知道自己所处的境遇，不骄不躁，弱却有心，最终实现自我成长与亲密关系维护。

三、把自己的目标变成别人的需求

有的女人哭着喊着不明白，怎么付出这么多，男人却变了心，还找了一个不如自己的？但她却没有考虑自己虽然不辞劳苦出去赚钱，却无视男人尊重的需要，一味打压一味否定，执意把男人挤兑成自己的使唤跟班，整个家庭乾坤错乱。

有的男人，对着朋友痛苦抱怨：她怎么就不能理解我呢？因为你没打开她的心，满足她的渴望啊！不能给够女人归属感，却整天强调自己要自由，要信任，对女人的痴缠恼羞成怒，仿佛爱成了枷锁，一心想要挣脱。

很多时候，你的弱势可能不是真的弱，被出轨、被抛弃、被伤害的都是你，但是造成这一切的也都是你自己。关系就像一面镜子，你伸手朝对方要，对方就伸手朝你要，最后谁也得不到。

我们在关系里处于弱势，因为我们不知道对方心中所想，不能完成他的梦想，甚至不能陪伴他走在完成的路上，我们并没有真正拥有他，却把自己的索求全部寄托在他身上，那么他想给就给，不想给就不给，他转身离开，我们就被遗弃。现在很多夫妻间都出现五年之痒、三年之痒，由爱情转变为亲情是大部分夫妻不可避免的结果，当初那份心动不已、美丽如斯的心情慢慢变淡了。

那么，弱势的人就要一直弱下去吗？如何才能成为关系的主人呢？

要想保持长期的亲密关系，最重要的是抓住对方的需求。在抓住对方需求的前提下欲取之，先予之。我们一定要学会给予，成为主动付出的那个人。同时，我们还要注意进行自我修复，而不是靠别人来修复。

（一）从男女不同角度给予彼此的情感需要

男人自古以来便有这样的定义：刚强、力量、睿智，而女人普遍被认为美丽、善良、温柔。因此，不难看出，从他们的情感需要出发，男人需要女人的认可和崇拜，需要一定的自由空间。每个男人都会有自尊心，尤其是在深爱的妻子面前，更希望自己会是她安稳舒适的依靠，希望自己的所做会得到妻子的认同和称赞，在他们倍感压力时候会有私人的释放空间。女人需要男人的理解和尊重，需要他们爱护自己。女人虽然在男女关系中处于弱势一方，更因如此才希望和男人相敬如宾，希望关注她的同时理解她、支持她。

（二）培养互补型的夫妻性格

很多人在恋爱时像换了一个人：细心体贴、柔情似水，尽力展现自己最好的一面给对方，可是一结婚立马恢复正常，展现自我本色了，于是对方发现上当了，矛盾也出现了。本性难移，要彻底改变自己性格，很难。工作上、交友上我们有自己的态度，但是，在夫妻相处时，你不能拿同样的态度来对待她，要想两人长长久久，必须要迎合她的喜好，让自己成为她不可或缺的那一部分。妻子柔弱时，你就要刚强果断；妻子大大咧咧的，你就要做那个细心温柔的暖心男，切记不能硬碰硬，双方都是小白兔，同性相斥的道理相信很多人都懂。

（三）让双方成为知心朋友

最好的爱情就是你不说，我却懂。为什么人要找到自己的另一半，才能组成一个圆？谁也不想孤苦伶仃，老来无依；谁也不想睡在同一张床上却形同陌路。把你的郁闷、压力告诉他，让他来为你分忧；将你的喜悦、感动与他分享，让他与你一起开心。把他当成你最好的朋友，不欺骗、不隐瞒、不冷漠，让你们之间永远有话可说，心意相通。

（四）学会互相欣赏、互相感恩

随着恋爱时的激情退却，婚姻变得平平淡淡。这时候，你们需要一味爱情保鲜剂：从不同的角度欣赏对方，给予赞美和鼓励，感恩对方为你所做的。比如，妻子最近报了英语班，以提高业务能力，你要适时做出鼓励；在你升职时，她亲手为你烧了一桌子菜，虽然味道不怎么讨好，但你也可以给她一个感激的吻。积极的力量总会给人动力，而你的鼓励和感激会使对方变得更加优秀。

巧技能 3

从小事入手经营你的亲密关系

1. 早晨无论是送他上班，还是各自出门工作，至少彼此给个温暖的拥抱或甜蜜的亲吻。

2. 在最繁忙的时候，抽出一分钟来和他通个简单的电话。

3. 买下那尊你喜欢但又觉得没什么实用价值的瓷偶雕塑吧，幸福无价。

4. 天气转冷的时候，发个关怀的短信给好久不见的老友。

5. 孩子在自己的房间呼唤你的时候，不要迟疑，放下手里的事情马上过去。

6. 周末应酬之后一起回家，舍弃电梯而一起爬楼。

7. 坐在女儿的床边陪她一起起床。

8. 多花一分钟把他爱吃的水果切成易于入口的小块。

9. 通过网络或电话查询第二天的天气预报，为家人准备好必需用品。

10. 即使知道他是在假装头疼，也抽出一分钟温柔地为他按摩。

11. 发怒之前，再多想一分钟，看还有没有什么更好的解决办法。

12. 做好了美味的家常菜式，再摆出一个简单的花式造型。

13. 在冰箱上贴条留言时，花一分钟为孩子画个卡通笑脸，或是为他画颗甜蜜的心。

14. 办健身卡的时候，顺便也写上家人的姓名，邀请他们一起来锻炼。

15. 煮咖啡的时候听一首愉快的乐曲。

16. 看比赛的时候，为谁是赢家打一个赌。

17. 认真地为某件事与人争个究竟。

18. 每周至少全家去散步两次。

19. 大声朗诵一首隽永的小诗。

20. 把感动自己的邮件转发给10个好友。

21. 报名参加一次公益活动。

22. 周末留出某段时间来什么都不做，让心灵放空。

23. 在最烦躁的时候，闭上眼什么都别想，深呼吸五次。

24. 坚持给孩子写博客，哪怕只有简单的几句话也可以。

25. 每天晚上睡觉前都集中思考一个问题，整理白天的思绪和情绪，让自己变得冷静而平和。

26. 设计一个可行的小小梦想，告诉家人并准备努力去实现。

27. 每周至少学习一个新观念。

28. 制定一个家务日程表，这样不会让自己觉得每天有做不完的家务，在工作上也是如此。

第二节 亲密关系中强主要强在哪里

亲密关系中，强的一方总是拥有更多话语权和影响力，能成为强者，让另一方愿意站在其身后：首先必须拥有过人的能力；其次，强者更能够控制自己，也更能够控制这段亲密关系，知道何时该强、何时该适当地让步；再次，强者还强在能够尊重他人，不恃强凌弱；最后，强者之所以能维持强者地位，还能让亲密关系良好发展，还在于强者拥有并正确运用的同理心。

一、强在掌控力

案例 2–5

李安太太：陪着男人成功需要实力

李安是电影史上第一位于奥斯卡奖、英国电影学院奖及金球奖三大世界性电影颁奖礼上夺得最佳导演的华人导演。他的婚姻生活也一直为人津津乐道。

在中国传统文化中，男人过了 30 岁应该是已经有了一份稳定恒久的事业养家糊口了，可是，李安 30 岁时，一家人却只靠妻子林惠嘉的薪金度日。那时的李安每天除了在家里大量阅读、大量看片、埋头写剧本以外，还包揽了所有家务，负责买菜做饭带孩子，将家里收拾得干干净净。每到傍晚做完晚饭后，他就和儿子一起兴奋地等待“英勇的猎人妈妈带着猎物回家”。

那些年里，林惠嘉对李安最大的帮助就是“不理他”，让他去沉淀、去成长。她认为一个人要清楚自己的方向，一旦做出了决定就要为自己的决定负责，李安清楚自己只喜欢电影，也只会拍电影，他就应当为自己的决定负责到底。

丈夫出名后，林惠嘉则对于别人称她为导演夫人或李太太感到不习惯，要求别人直接叫她的名字或称她为李妈妈。她虽然认为拍电影很辛苦，电影人很需要家庭力量的支援，但她更强调个体的独立自主性，认为李安成名与否对她不会发生任何改变。她说：“李安还不是导演的时候，我就是我，李安当导演以后，我还是林惠嘉。”

多年的女主外男主内的生活不仅让李安练就了一手做菜的“绝活”，也磨练了他的性情。他说：“妻子对我最大的支持，就是她的独立。她不要求我一定出去工作。她给我充足的时间和空间，让我去发挥、去创作。要不是碰到我妻子，我可能没有机会追求电影生涯。”

在总结他与妻子的婚姻时，李安说：“当我低潮时，太太比较主动，是我迁就她的行程；在我高峰时，有时她要迁就我的行程。我觉得，夫妻间相处不是一成不变的，都需要做适度调整，甚至以变化来保持不变，以前我在外面谦卑，回家一样谦卑；现在，我在外面比较神气活现，回家再谦卑，这很像是在做调整，以保持心态的不变。而每经历一次成功，我就又要做些调整。”

（资料来源：笔者根据相关资料整理）

亲密关系中强者拥有更好的掌控力，可以控制住亲密关系的走向，也可以做到因地制宜。通俗来说就是该强的时候强，该弱的时候弱，如若不然，强就变成了霸。以上案例中，林惠嘉就是亲密关系中的强者，从一开始一家人靠她养活，到后来李安逐渐成名，这一切都在她的掌控之内，并且正如李安总结的，“当我低潮时，太太比较主动，是我迁就她的行程；在我高峰时，有时她要迁就我的行程。”如若不是在不同阶段妻子的不同角色，李安的成功可能来得不会这么顺利。

二、强在尊重

案例 2-6

爱你才会尊重你

秦华以优异的成绩考上了理想的大学。学校在外地，秦华与父母的沟通只能在每日的时间不长的电话中进行。从小秦华就是一个听话的孩子，重要的事情都会听取父母的意见建议。开学了，班上的同学们都开始加入学生会、社团等组织，秦华也跃跃欲试，想要去一探究竟。按照惯例，他给父母拨通了电话，想要问问父母是否可以参加。爸爸妈妈的态度很鲜明，他们觉得大学中的社团用处不大，不太建议参加，毕竟学业压力很大，但是如果秦华就是想去试一试的话，那就去吧。

秦华挂了电话感到很开心，很感激父母尊重他的想法，这时听到了舍友与妈妈的对话，舍友的母亲说："你参加那些乱七八糟的东西干什么，浪费时间！有那精力你不会多学习会儿？"舍友说："我都上大学了，这点小事你们为什么还要干预！"母亲说："我生你养你，你还跟我顶嘴！我能害你不成？"

（资料来源：笔者根据相关资料整理）

案例中秦华的父母和舍友的父母形成了鲜明的对比，在亲子关系中，父母总是处于强势的地位，作为父母，他们有权利管教孩子，但是在管教的同时也需要尊重孩子，孩子做出什么样的决定是有自己的想法的，父母无论如何也不能以“我生你养你，你还敢跟我顶嘴”这样的话来压制孩子。应该就事论事，不掺杂道德绑架。比如秦华的父母就认为在大学参加的社团并没什么用，但他们虽然持反对态度，却不会阻止秦华参加。因为他们知道这对秦华很重要。“和睦”不是没有矛盾，而是因为爱，我们可以把棱角都收起来一些，多尊重别人。

案例 2-7

华人神探李昌钰的幸福婚姻

李昌钰被誉为“当代福尔摩斯”“物证鉴识大师”“科学神探”“犯罪克星”，是位赫赫有名的海外华人，其精湛独到的刑侦技术、鉴识功力及骄人的政绩不仅令世界警界瞩目，也是全世界华人的骄傲，更是各国争相聘请前往讲学的专家。1975 年他获纽海文大学助理教授职位，短短 3 年再破纪录晋升为终身教授并出任刑事科学系主任，次年出任州刑事实验室主任兼首席鉴识专家。1987 年，他出任美国康涅狄格州警政厅长，成为美国警界史上官阶最高的亚裔人士。

这样的李昌钰，在家庭生活中，却是铁汉柔情。他对妻子的描述是："如果没有妙娟，我的生活不知道会乱成什么样子。"而在妻子眼里，丈夫在外个性强，在家却很温柔。"他常半夜被叫去调查案子，但他回家从不谈案情，我要他别谈，也从不问。我们都觉得，在家时间很宝贵，相处时谈我们之间的事，不谈公事。他没有大男人主义，刚结婚时我不太会做菜，每天牛肉炒菠菜，他从不挑，我烧什么菜他吃什么，烧得不好他也说好吃。"

（资料来源：笔者依据相关资料整理）

以上案例中，华人神探李昌钰作为一个强者，在亲密关系中却是柔情满满的男人，他尊重妻子，没有大男子主义，不把在外的强势个性带回家；尊重妻子的意见建议，在家闭口不谈工作，尊重妻子的努力和为家庭的付出，懂得肯定、鼓励妻子。虽然这都是一件件小事情，但正是这一件件小事才造就了他与妻子美满的婚姻和幸福的家庭。一等男人有本事，没脾气；二等男人有本事，有脾气；三等男人没本事，有脾气。李昌钰就是当之无愧的一等男人。

巧技能 4

夫妻之间不能说的 10 句话

男人版：

1. 累了一天，回家都不让人清静清静！

2. 你非要这么想，我也没办法！

3. 问什么问，跟你说了你也不懂！

4. 我看你是整天没事做，吃饱了撑的！

5. 你吃我的喝我的还想怎样？

6. 看你都胖成啥了，也不说减减肥！

7. 这孩子，真不像我！

8. 我的事你别管，管好你自己就行！

9. 你看你就和你妈一样！

10. 我真后悔娶了你！

女人版：

1. 要不是为了孩子，早不跟你过了！

2. 这都是你该做的，不然要你干吗？

3. 你看看那谁家的老公，再看看你！

4. 你还是个男人吗？

5. 我真后悔嫁给你！

6. 能过就过，不能过离婚吧！

7. 你就不能说说你妈吗？

8. 我当初真是瞎了眼了才会嫁给你！

9. 你看你不听我的，这下好了吧！

10. 我和你妈，你到底听谁的？

三、强在同理心

案例 2-8

碎了的巧克力

萌萌四周岁了，在晚饭前看到了桌上的生日蛋糕便忍不住想立刻吃。妈妈和奶奶都不同意，要求她吃完晚饭再吃，但是爷爷宠爱她，拿来刀子切给她。但是没想到爷爷不小心将蛋糕上的巧克力生日牌切碎了，萌萌立刻大哭起来。

奶奶埋怨爷爷过于溺爱萌萌，妈妈大声呵斥萌萌让她停止哭泣，碎了也能吃，有什么可哭的。但是萌萌越哭越伤心。这时爸爸走过去抱起萌萌问她："是不是因为巧克力被切碎了，所以伤心？"萌萌点头。爸爸说："是不是想吃完整的巧克力？"萌萌说："是！它本来就是一块。"爸爸问："那我把巧克力拼好给你吃好不好，但是你要答应爸爸不再哭了。"萌萌忍住了哭，站在一旁等爸爸拼巧克力。

爸爸用奶油做底，重新拼好了巧克力，萌萌张大嘴一口吃掉了巧克力生日牌，然后乖乖地吃饭了。

睡觉前，爸爸利用讲故事的时间跟萌萌讲道理："从前有一个小孩，她叫萌萌。有一天她的爷爷不小心切碎了她的巧克力，她很难过，想哭。但是她想到，无论是碎了的还是完整的，都是自己爱吃的巧克力呀，而且爷爷也不是故意的。爱哭鼻子的小女孩一点都不美，所以她没有哭，和爸爸一起动手拼起了巧克力，然后一口就把它吃掉了！”

（资料来源：笔者根据相关资料整理）

以上案例中，孩子对于完美的追求在大人看来可能没有必要，但是这是他们在对物体的认知中必经的过程，她认为巧克力就应该完整地被吃掉，她并不明白巧克力碎了还是巧克力，还能吃。在亲子间的亲密沟通中，父母往往处于强势的地位，孩子处于弱势，于是孩子常常用哭闹来表达不满。而孩子眼里无小事，对于孩子眼里“非常大”的小事，很多家长不理解孩子的心情：为什么那么小的一件事，对孩子来说就那么重要呢？也有一些家长因此在无意中伤害了孩子。孩子逐渐成长，思想也在慢慢发育成熟，一些在大人眼里微不足道的事情常常可以占据孩子整个心灵。这是由孩子成长过程中的特殊心理状态而决定的。因为孩子的思想发育不成熟，很难从整体角度来看待问题，他们的思想往往容易被一个形象的、具体的事物而占据，孩子对于具体形象的关注力强于成人。父母一定要有同理心，学会共情，站在孩子的立场去理解孩子。就像上文案例中的爸爸，明白孩子哭闹的原因，然后去解决这件事，而不是像妈妈一样一味呵斥，不要把自己的强势建立在孩子的弱势之上。

案例 2-9

请老婆大人放心

侯亮平：老婆来，放下放下，我来。

钟小艾：来什么来啊，快收拾东西滚回你的汉东去。

侯亮平：堂堂局级副主任，怎么能闹情绪呢？你就给个机会，让我好好伺候伺候老婆大人吧！（说着抢走了钟小艾手中的炒勺）

钟小艾：打几个鸡蛋啊，一会给他们做蟹黄蛋，他们就爱吃你做的。

侯亮平：好嘞！

儿子：爸，还有红烧带鱼！

侯亮平：好嘞，爸今天给你做个升级版的啊！

侯亮平：来，举杯吧，也许侯局长明天就去汉东了，这为什么去汉东呢？这是工作需要嘛。

侯亮平：（饭后）小艾，别收拾了，别收拾了，先放下，去坐会儿，休息休息。

钟小艾：干什么啊，我才收拾了一半。

侯亮平：我知道你累了啊，给你按摩按摩，休息一会，你把眼睛闭上。（让儿子和外甥女拿来了礼物）

钟小艾：（笑得一脸幸福）你怎么把它买回来了？

侯亮平：我看你放在购物车里一个月都没买，是不是想等打折再买，这些情况我都知道的。

钟小艾：就是，你说你傻不傻，再过几天就降价了，这下完了吧，半个月的私房钱没了吧？！

侯亮平：没事，贵就贵点，只要老婆满意，这条裙子就有价值。

钟小艾：其实，我想向你重点强调的，还是安全问题。你别嫌我啰嗦啊，他们大白天的敢向陈海下手，也不会怕你侯亮平。所以你别跑到汉东假装自己是什么孤胆英雄，知道吗？你必须时刻保持警惕，你在汉东的每一天都处在危险中心。

侯亮平：知道，我要面对的对手是个高手，而且手段非常强硬。不过你放心，他们在陈海身上得逞的事情，绝不会在我身上得逞。他们不了解我，我是不会按照常理出牌的。

（资料来源：电视剧《人民的名义》）

通过以上案例，我们发现作为一家之主的侯亮平在妻子钟小艾同意了他的调任决定后，没有理所应当地认为钟小艾就应该支持他的决定，而是花心思为她买礼物，为家人亲自下厨，临走前还跟老婆交流儿子的教育问题，保证自己会注意安全，十分警惕，尽自己努力给家人安全感。这就是有能力也有同理心的表现，虽然在亲密关系中处于强的地位，但是能够理解自己的亲人对于自己的关心与担心，用同理心去感受妻子对自己的爱，而不是抱怨妻子不够理解自己、支持自己。对最熟最亲的人，话里话外依然饱含尊重和耐心，并愿意放下身段坦诚交流，费尽心思巧妙化解妻子的忧虑。

巧技能 5

亲密关系自检法则

法则一：透过对方，你才能认识真正的自己。

你从对方身上看到的其实是自己。你所有的人际关系都是一面镜子，透过它们，你才能认识真正的自己。你在发掘对方的过程中，不知不觉也等于发掘你自己。去了解他的感觉、想法，你也更了解自己，你们相互成为对方的镜子。

如果你觉得伴侣对你失去热情，可能是因为你也对他失去热情；就像一位婚姻专家说的："如果我们的婚姻变得乏味，可能是因为我觉得乏味，或更糟的是我这个人很乏味。"事实上，那些令你厌恶的人是在帮助你，他帮助你了解自己，让你发觉你的阴暗面。这也就是为什么当我们跟一个人越亲密，就越容易产生厌恶，因为他让你看到了自己的真面目。

法则二：你不能容忍对方的部分，就是不能容忍自己的部分。

一个品德不好的人，就会怀疑别人的品德；一个对别人不忠诚的人，也会怀疑别人对他的忠诚；一个不正直、不正经的人，就会把别人的任何举动都"想歪"，因为他就是那样的人。一个对别的女人有非分之想的人，自然而然地也会猜疑自己的女人。老遇到讨厌的事的人，往往是令人讨厌的人。喜欢挑人毛病的人，其实自己才是最有毛病的；喜欢说三道四的人，其实自己才是最不三不四的。

如果你很爱发脾气，你就会认为别人常惹你生气，每一件事都可能变成你愤怒的理由。并不是说每一样东西都是错的，而是你会投射，你会把隐藏在自己内在的东西投射到别人身上。你会谴责每一个人、每一件事，因为你有太多的怒气，所以即使是一点小事也能引燃怒火。

法则三：你对外排斥什么，对内就排斥什么。

一般而言，那些我们相处愉快的人，正是反映了我们喜欢且接受的内在自我；而那些我们不喜欢的人，也反映我们不愉快且不接受的内在自我。教双方和谐相处，不如教他们让自己内心和谐，那样双方自然会和谐；教他们如何增进彼此感情，还不如教他们增进自我成长，那样彼此关系自然会成长。

一个有控制欲的人，除非内在的空虚得到填补，否则就不可能放下别人，也难以解放自己；一个满怀怨恨的人，除非内在愤懑的情绪得到纾解，否则就不可能停止怨怼；一个爱嫉妒的人，除非内在能找到自信，不再跟人比较，否则就不可能停止嫉妒。

法则四：你越恨就越束缚，你越爱就越自由。

当你掌控别人时，你同时也被掌控；如果你绑住别人，别人也会绑住你。你想想看，当你控制别人，不准他们做这做那，如果他们不照你说的话去做呢？你会怎么样？你就会不高兴，对吗？你的喜怒哀乐是由别人来决定，你认为他们是被你掌控的吗？不，其实你才是被掌控的。

如果你总是忘不了旧伤痛，你就是给了最初导致伤痛的人、事一再伤害你的力量。那就是我为什么说，当你怨恨别人时，表示某种程度上，你也怨恨自己。

法则五：如果你很欣赏，它就可以蜕变成爱。

无论是你的老板、同事、部属、朋友、情人、配偶或小孩皆然，这些人所拥有的你不喜欢的个性、想法和行为，往往都是你需要学习的。他们会显露你的不足，会一再地重复你所厌恶的言行来让你学习。当有人指出你的错误，你很气那个人，但这是他的错吗？不，他只是帮你把“发霉的阴影”拿出来晒晒太阳。

当别人指责你的时候，不要再像以前一样，立刻去攻击或反击，你要开始反问自己，因为他们说的很可能是真的。如果不是真的，你又何必那么“当真”，对吗？他们之所以会安排在你身边，都是“有原因”的。因此，不要说不喜欢就排斥或试图逃避他们，因为他们都是“天赐的良缘”，你应该好好利用这个机缘来蜕变自己。

无论是亲密关系还是其他什么关系，都是我们用来学习的机会，我们在关系中看到的不是别人，正是自己。我们不能接受的部分都会投射到对方身上或者在对方身上看到，关系是提醒我们“阴影”要发霉了，需拿出来晒晒，否则我们的阴暗面永远没有见光的机会，痛苦将会一直伴随。

第三节 亲密关系中霸的表现及后果

若处于亲密关系中较强势的一方想要持续成为他们亲密关系中的胜利者，他们往往是控制欲强、刚愎自用的人。权力对他们的重要性使得他们为了得偿所愿，可能痛苦，但有时却很有效地利用暴力来施加控制。

一、自以为是，不体谅

案例 2-10

崩溃的朵朵

眼科医生方圆是一个典型的妻管严，和妻子董文洁有一个女儿朵朵。而化妆品公司市场经理董文洁是一个标准的女强人，将精力全都扑在事业和女儿身上，为了让朵朵考上重点高中而一直严格要求她，朵朵聪明活泼但唯独害怕董文洁。初三以后，繁重的课业简直压垮了朵朵，而董文洁对朵朵的要求却变本加厉。

董文洁是典型的女强人。她为了让女儿考上重点高中，管得特严格，对分数异常敏感，下降 0.5 分都会引起一场家庭内部的暴风雨。

朵朵成绩退步，董文洁就逼着朵朵拼命学习。青春期的朵朵开始反抗，董文洁忽视了女儿的叛逆，请家教，报补习班，还怀疑女儿早恋，号召家长严格看管孩子。强势的董文洁要求朵朵凡事要遵循妈妈的计划和想法。读书，考试，甚至将来的读大学、工作，把这些压力放在一个小孩子身上，对她来说担子下得太重了。对朵朵爸的态度也是，我的意见就是你的意见，完全的独裁主义。最后，朵朵被压得喘不过气，走失、晕倒、患上考试焦虑症。后来朵朵爸计划送朵朵出国解压，董文洁先是担心受人蛊惑，后又怀疑朵朵爸和女上司纠缠不清。最后朵朵出国后，两人离了婚。

（资料来源：笔者根据相关资料整理）

案例中的董文洁就是典型的亲密关系中的霸主，不仅在工作上是女强人，在生活中对待丈夫和孩子也是一言堂，我说什么就是什么，我都是为你好，我说的都是对的，你必须按照我的计划和想法行事。一有违背她意愿的事情就会引起家庭暴风雨，而且开始怀疑对方，怀疑女儿早恋或是怀疑丈夫出轨。在亲密关系中霸的表现之一就是不体谅不理解，董文洁没有体谅朵朵作为一个青春期的孩子会有叛逆期，没有体谅在超强的学习压力下她会受不了。而霸的后果就是后来朵朵被压得喘不过气，走失、晕倒、患上考试焦虑症，丈夫与自己离婚。

案例 2-11

晚回家的女儿

妈妈：你怎么这么晚回家，我真的很生气。

女儿：我知道我回来晚了，对不起。

妈妈：你这样让我睡不着觉。

女儿：你为什么睡不着觉？我希望你不必为我担心 。

妈妈：我怎么可能不担心，你下次再这样，就别再回来了。

女儿：不回就不回！

（资料来源：笔者根据相关资料整理）

上面的这段对话，是很多父母面对这种情况的反应模式。妈妈看到平安回家的女儿，她的第一感受一定是高兴的，但在表达情绪时总是急于给予孩子教训会让彼此都受到伤害。女儿晚回家是女儿不对，但是母亲没有体谅到孩子晚回家心里的愧疚，只是一味责怪，伤害了女儿，造成原本愧疚的孩子产生不满和抵触，说出“不回就不回”这样的话，又伤害了母亲。如果能换一种对话方式，将爱用体谅的语气而不是责备的语气表达出来，可能沟通效果会更好。

正确的方式：

妈妈：哦，谢天谢地你安全回家了（行为），看到你我真高兴（感受），我很担心你遇到了什么意外（影响）。

女儿：妈妈，我很安全你放心，我下次会早点回来，不让您担心。

二、自我中心，不低头

案例 2-12

欧阳菁和李达康的婚姻

在热播电视剧《人民的名义》中，有一对夫妻的生活被人们热议，那就是汉东省委常委、京州市市委书记李达康与他的妻子欧阳菁。

欧阳菁曾经为了李达康的事业，在6年里换了3份工作，女儿小学6年分别在3个学校完成。但是那时候的她没有任何怨言，这段往事，连李达康都觉得愧疚不已。但是对于妻子的付出，他除了当下的愧疚，在日后的生活里依旧强而霸，忽视妻子的感受。李达康最爱护自己政治的羽翼，关心政绩胜过关心人，对于家里的事情、女儿的学习、妻子的生活从不过问。欧阳菁在这样的家庭里，并没有得到自己想要的温暖，最终变成了一个怨妇。在被警车带走之前，欧阳菁异常冷静，在坚硬的表情和身姿下，那颗心已经过久地隔绝了温情。

（资料来源：电视剧《人民的名义》）

李达康的表现就很好地诠释了亲密关系中的霸，以自我为中心，不愿低头，不考虑他人，将妻子对自己的付出视为理所应当。因为自己政治地位强于妻子，所以在亲密关系中强且霸，与自己的爱人不能平等沟通，要求爱人顺从自己，对于爱人的要求要么忽视、要么批判。并没有看到欧阳菁为了支持他的事业、为了维系这个家庭所做的一切，只是理所应当地站在一个市委书记的立场上思考与妻子的亲密关系，认为妻子不可理喻、贪心。他与妻子欧阳菁几乎无法心平气和地沟通，一对话就有点针尖对麦芒。这就是在亲密关系中霸的表现，只站在自己的立场上考虑问题而忽略了对方的感受，看不到对方的付出和难处，最后造成了一个家庭的悲剧，相信他们的女儿也是缺少父爱的，欧阳菁敏感脆弱的心从失望到坚硬，而两人的夫妻关系也走到了尽头。

为了避免亲密关系中因霸伤人，我们需要学习一些巧技能。

巧技能 6

亲密沟通七大注意事项

1. 不以情绪性字眼攻击对方缺失。

2. 盛怒时先远离现场，不要在盛怒之下沟通。

3. 假设你不一定是对的，替对方想一想。

4. 如果不能“双赢”，至少对方可以赢，至少不能双输。

5. 别祭出老祖宗的教条，说“你们女人就应该”“你们男人就应该”或“既然你爱我就应该……”，试着从“如果你怎么做我会觉得很快乐”的祈求语气开始。没有人喜欢被命令，但人人喜欢被请求帮个小忙。

6. 先把面子问题放在一边，也别太着急讨好别人。

7. 微笑的嘴角和坚定的眼神是必需的，有时还得配合友善的肢体动作。

三、自恃功高，不尊重

亲密关系中最容易产生“霸”现象的人就是自恃功高的人，大男子主义、女强人光环、含辛茹苦的父母都容易自恃功高，认为自己的能力强、贡献大，于是不尊重他人。

现实生活中，强且霸的一方要求对方变成自己心中构建的那个样子。这必然带来对方的愤怒与反抗，并进一步造成对关系的不利影响。可以说，这种要求正是亲密关系走向和谐稳定的一个杀手锏，也是阻碍我们自己去深入内心认识自己、了解自己并进一步自我成长的利器。

案例 2-13

烦恼的筱筱

筱筱最近很苦恼，因为男友提出要拜访他的父母，当她向父母询问意见时，父母很严厉地拒绝。母亲说道：“从一开始我就是不同意的，他的工作虽然稳定可是工资不高，家里情况也很一般，我不认为他能给你带来幸福。你看你以前的那个男朋友，小高是个多好的孩子啊！你不好好珍惜，哎！”

筱筱对母亲说：“他虽然现在的条件不是很好，但是他很快就能升职了啊，不然他也不敢来见你们。而且他对我很好，我觉得他很爱我，我结婚不是为了物质生活，爱不爱我才最重要。小高都已经是过去的事了，您能不能不要再提了。”

母亲伤心地说：“你就是不理解我的一片苦心，我能害你吗？我和你爸爸含辛茹苦地把你们姐妹二人拉扯大，吃了不少苦头，我们可不希望你重蹈我们的覆辙，过穷苦的日子。”

筱筱很无奈地说：“我当然理解您和爸爸，可是我觉得他就是对的人，我就是想嫁给他，你们能不能尊重一下我的选择，从小到大，你们让我读哪所学校我就读哪所学校，上大学和研究生的专业也是你们定的，找工作也不让我找离家太远的，我都听你们的了，这次听我的行吗？”

父母你一言我一语：“你也知道这么多年我们为你付出了多少啊，你说我们给你指的这些路，哪一条有问题？不都是让你走得顺顺利利吗？你必须听我们的，我们不见他，你尽快跟他断绝关系！找一个家庭条件好的，工作也要比他好，至少要挣的钱是你的两倍！”

筱筱：“妈！”

父母：“没得商量！不听话就关你禁闭！”

（资料来源：笔者依据相关资料整理）

以上案例中，筱筱的父母就是亲密关系中典型的霸主，自恃功高。觉得自己拉扯孩子不容易，而且把孩子培养得这么优秀，都是自己的功劳。现在择偶也是一样，肯定要按照他们的想法进行，毕竟他们阅历更丰富。但是在这个过程中父母忽略了对筱筱的尊重、对筱筱与男友的感情的尊重。

在亲密关系中，一旦我们陷入到想要改变对方的模式里，我们就必然进入到了权力争夺之中。我们会希望控制对方，去掉那些我们不喜欢的部分、让我们感觉不舒服的部分，以便达到让自己感觉到更安全和被爱、被保护的目的。然而，对方并不是一个任由我们捏的面人，他也会有自己的模式，有自己需要成长的方向，无法因为我们的要求，他们就能马上换了一个人，成为为我们量身定制的亲人。

巧技能 7

平衡双方力量——强且霸者

你需要意识到，不断获得更多权力不仅不是亲密关系的目的，还会威胁到你们关系的维系。的确，丧失一些力量感听上去很让人恐惧，但如果这么做可以让我们更好地去爱对方，提高双方在关系中的幸福感，那又何乐而不为呢？

1. 尝试进行分工合作

双方可以在协商的基础上在不同方面分别成为“强势”的一方。比如你更擅长理财，那么在财务管理上你拥有更多权力；而对方更擅长社交，那么在人际关系的处理上对方拥有更多权力。

2. 学会做出一些妥协和退让

这并不是让你刻意做些什么，而是让你试着去关心、觉察伴侣的需求，努力让对方感受到你的尊重与支持时，你便会自然而然地做出一些妥协。比如当你感受到，你的伴侣对现在这座城的喜爱和对陌生环境的忐忑时，你也许会重新考虑是否要迁徙到新的城市。

3. 有时要接受不平衡、允许它存在

两个人中，在不同的时刻，总有一个人需要更加共情另一个人，只要有些时刻是你、有些时候是我，这样的时刻对双方来说都有，关系就有继续推进的基础。如果时时刻刻都追求权力的平衡，可能使得关系无法推进和破裂。

3

chapter

第三章

沟通系统，细节感人

沟通是一个系统。从个体微观层面来讲，沟通系统如图3-1所示，由自我、对象、情境、内容、媒介（沟通方式）等要素共同构成。

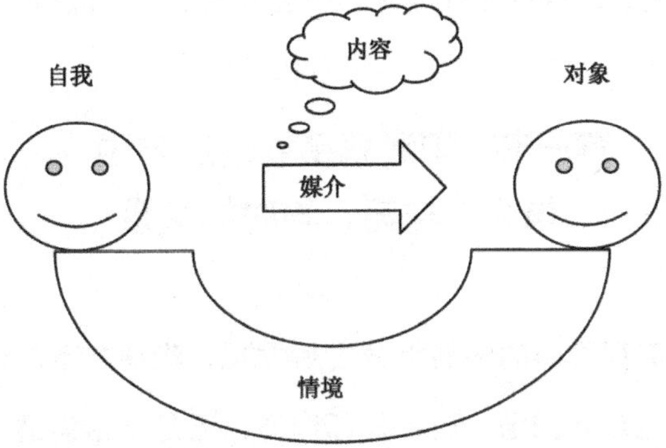

图3-1 个体微观沟通系统

从宏观层面来讲，个体的沟通是自我沟通、内部沟通、外部沟通及亲密沟通相互交织的系统，如图3-2所示。

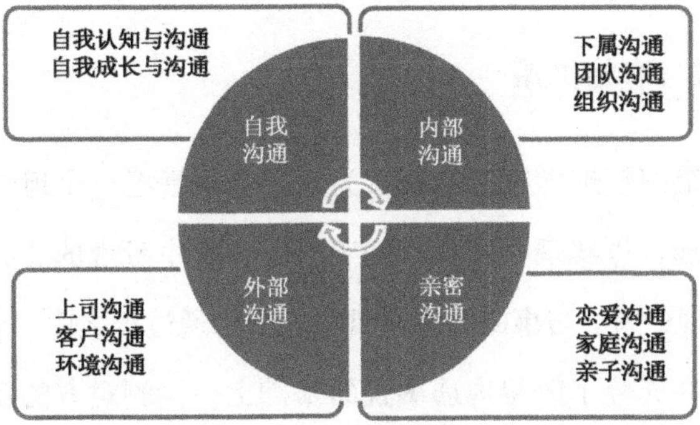

图3-2 个体宏观沟通系统

其中，自我沟通包括自我认知与沟通、自我成长与沟通；内部沟通包括下属沟通、团队沟通、组织沟通；外部沟通包括上司沟通、客户沟通、环境沟通；亲密沟通则是与个体不可分离的恋爱沟通、家庭沟通和亲子沟通。各种沟通相互交织，反反复复，共同构建了个体沟通系统，个体的生存与职业生涯发展贯穿于该沟通系统。

第一节 沟通就是处理好与事、与人、与己、与时的关系

我们将宏观层面的沟通拆分之后发现，沟通之下的任何一个子沟通，不论是自我沟通，内、外部沟通，还是亲密沟通，实际上都是在处理与事、与人、与己和与时的关系，通俗地来说，沟通就是联合他人一起来实现某个目标（做事），而良好的自我沟通和时间意识是高效沟通的保障。

一、沟通与事的关系

著名组织管理学家巴纳德认为，“沟通是把一个组织中的成员联系在一起，以实现共同目标的手段”，其中所说的“共同目标”即我们所说的事。与事的关系将贯穿整个沟通过程之中。沟通之前，我们需要在充分了解待沟通事宜的基础上，揣测对方的反应，浓缩沟通内容、提炼沟通观点并组织好语言和逻辑关系，为良好的沟通做好充分的准备；沟通过程中，我们需要直击主题、就事论事，并密切关注对方关于所交流事情的观点和态度，随机应变保证沟通目

标的实现；沟通之后，我们对目标实现和事情的完成情况进行总结并做好记录，对整个沟通过程进行闭环。

很多时候，在亲密沟通中会遇到让我们觉得很棘手的事情，棘手程度不亚于工作上的事情，甚至，在单位里很多事情都能处理得很好，在亲密关系中却总是出错。无论是叱咤风云的人物，还是平平凡凡的百姓，在亲密沟通过程中，一定要注意处理好与事的关系。

案例 3-1

才智双全的周教授

尹红的丈夫周浩是学校里为数不多的年轻教授，科研能力与培养人才的能力都很令人称赞，虽然从教时间不长，但是在学生中的教学反馈相当好，学院里的老师对他的研究能力也很认可，职称晋升之路也是一路绿灯。大家都很羡慕尹红，同时也很好奇尹红作为背后的女人，是如何帮衬丈夫的，还有同事向尹红讨教她是如何做好后勤保障，才让周教授能够安心做学术，优质出成果。

但是尹红的回答却出乎意料。她说自己其实不是传说中成功人士背后默默奉献的女人，相反，丈夫不仅是事业上的成功人士，更是家庭生活的佼佼者。举一个最近的事例就是关于他的爱好，周教授很喜欢打球，但是最近工作很忙，下班已经很晚了，耐不住手痒，还是约了学生一起打，后果就是错过了吃晚饭的时间还漏接了尹红的电话。他知道回家免不了被尹红数落不吃饭也不提前打个电话回家的事，于是在路过小区超市的时候，买了尹红最爱吃的水果和零食。一回到家，还没等尹红说话，就把吃的摆在尹红眼前，对她说："老婆大人，我错了，我好久不打球，实在是手痒，我应该提前报备的，错了就是错了，这些零食虽然不能弥补我的过错，但是好歹能够表达我对你的感情。"

周教授一番话先发制人，尹红说道："他这么做，搞得我生气吧，显得我小气还不识抬举，不生气吧，又觉得不甘心，哎，后来我想，两口子何必计较这么多，就罚他自己热饭，自己洗碗好了！"

（资料来源：笔者依据相关资料整理）

案例中，周教授的做法成功避免了一场风波，要知道，在亲密关系中，有太多情侣、夫妻，就是因为这些鸡毛蒜皮的小事而吵架，吵架吵得多了，离分道扬镳就不远了。所以在亲密沟通中我们一定要注意处理好与事的关系，生活中的事情没有那么多道理可讲，要用心去经营。

案例 3-2

借题发挥的张妈妈

眼看明年就快要初升高考试了，学习成绩时好时坏、十分不稳定的张玺阳让张妈妈急在心里。今天张玺阳和小学同学出去聚会，一天都不见踪影，一整天都不看书，实在让张妈妈担忧。晚上 10 点，张玺阳终于回到了家。

“你一整天到哪里去了？”

“和朋友出去了。”

“到底和谁去的？”

“小学的老同学——王阿姨家的铭宇、八楼的瑞骁和后街的强子。”

“强子？是不是在初二开除的那个强子？”

“老妈记性真好。”

“我告诉你，不要和强子多来往，那孩子太捣蛋了，都被几个学校开除了，上次你们几个一起去王府井就是因为他，差一点和别人打起来，你们这次去哪里了？”

“我们去了西单玩儿。”

“不买不卖去西单干吗？”

“不干什么，就是逛逛。”

“简直浪费时间！年轻人不在家好好学习，到处闲逛，再加上那个强子不出事才怪呢！你的功课做完没有？上次考成那样还好意思出去闲逛！”

“老妈有完没完？你想象力真丰富，不就出去玩玩，啰啰嗦嗦，烦不烦？”

“小子好好听着，给我说话放尊重点。不准再出去了，明年就要考试了，好好在家复习，不然有你好看。”

（资料来源：笔者依据相关资料整理）

该案例中，张妈妈仅仅从张玺阳“去哪里了”这个问题衍生出了“和谁外出”“和谁交朋友”“到什么地方”“学习成绩的问题”及“如何和长辈讲话”，而没有做到就事论事。往往家长在气头上就容易产生“联想”，喜欢把过去的“老底”都翻出来，絮絮叨叨，没完没了，这样做只会加大双方沟通的难度。在沟通中，尤其是亲子沟通中，最忌讳的就是从一个问题牵连到另一个问题，这只会增加孩子们的反感。

二、沟通与人的关系

每个人都是不同的个体，有不同的性格，也有不同的习惯。在亲密沟通中，我们更要注意处理好沟通与人的关系，尊重并接受人与人之间的差异。

案例 3-3

做好当下事，待好当下人

张亮又和女朋友吵架了，原因很简单，也很老套，他又拿现女友与前女友做比较了。张亮所在的公司是一家互联网创业公司，主要做网站运维。最近赶上双十一，网站维护任务重，公司人手本来就不够，现在更是忙碌不堪。这天他一身疲惫地回到家，刚准备睡觉，女友电话就来了：“你到家了吗？到家怎么不给我打电话？你都不想我吗？”张亮说：“宝贝，我今天很累了，有事明天再说吧！”女友说：“你昨天也是这样说的，你到底怎么回事啊！”张亮很无奈，脑海中回想起了去年也是这个时候，前女友体恤他工作辛苦，来他家给他做好了夜宵等着他，还把家里收拾得整整齐齐，于是长叹一声。结果电话那头的女朋友不依不饶：“你叹气干吗，嫌我烦了是不是！”张亮一时没忍住，说道：“你就不能做一个安静体贴的女人嘛？我想你啊，那你为什么不来看我呢？去年这时候美玲做好了饭等我回来吃，而你就知道问我有没有加班工资，要不要给你买首饰。”说完他也很后悔，但是那边女友已经挂了电话。

（资料来源：笔者依据相关资料整理）

正如此案例中的张亮，在亲密沟通中提及前任是很多人都会踩的雷区。百依百顺的前女友和无理取闹的现女友，体贴入微的前女友和过分要求的现女友，惊喜不断的前男友和平淡无味的现男友，温柔呵护的前男友和强势霸道的现男友。而且更致命的是，人们往往在与现任有矛盾的时候想起前任的好，这样只会加剧现有的矛盾。在亲密沟通中，想要做巧者，就一定要注意处理好沟通与人的关系，处理好与当下人的关系，去回忆往昔并不是明智的行为，生活是不停向前的，我们不可以用旧人的好去对比新人的不好，这样也是不公平的。

三、沟通与己的关系

在众多的沟通困境中，有些因素是个体自身可以改变的，而有些因素是不可改变的，自我沟通是自我成长的前提和基础，经过自我沟通之后，个体在自我成长的过程中，需对不可改变的事情坦然接受，而对能够改变的事情积极争取，在被动成长因素的激励下转化为主动成长。自我成长之后将获得更多的沟通机会，将会在更多的沟通场景中掌握沟通的主动性，也能不断增强沟通结果的承受能力。

艾克哈特说，所有的痛苦都来自对当下的批判。当我们不知道进行自我沟通时，一旦我们遇到挫折，我们必须需要找到一个对象来承担这个错误，因而对外沟通将变成对外攻击。小到一次堵车、孩子哭闹、飞机晚点，大到订单的流失、资金链断裂、婚姻中有人出轨、发生疾病等，我们都会为其找个替罪羊，让它成为我们的抱怨对象，长此以往，外界归因系统将时刻为我们的负面情绪来买单，我们与外界的沟通质量也将越来越差，情绪也将越来越不稳定。

案例 3-4

沟通改变命运

小柒去年刚刚迈入 30 岁大关，原本应该风华正茂、意气风发的年纪，却挡不住满眼落寞和沧桑。看见周围的同学、朋友结婚的结婚，晋升的晋升，而自己婚姻没有着落，事业也没有起色，小柒时常感到孤独与迷茫。

小柒是个秉性良好、知书达理的好姑娘，上学的时候小柒一直读的文科专业，班上男生屈指可数，加上小柒性格外冷内热，不善沟通表达，大学期间未曾有过校园恋情。工作之后，小柒发现自己因为常年在女生堆里生活学习，逐渐丧失与男生正常沟通交流相处的能力，与男同事沟通不是害羞得脸红，就是不自然地眼神回避，小柒的异性朋友少之又少。小柒也处过几个相亲对象，最后也因为见面时沉默寡言，对方误以为小柒是个“冰坨子”，最终不了了之。

单位上，由于小柒不善言辞，大多时候都低头默默地干着自己手头工作，在这家单位已工作了三个年头，但和部分同事说话总共不到十句。小柒内心十分渴望与同事敞开心扉好好交流，可每次口还没开，心里早已紧张得说不出话，只好悻悻作罢。由于与领导、同事的沟通交流较少，小柒虽工作认真负责，但每年绩效仍排名较后，让小柒的一腔工作热血也被慢慢浇灭。

小柒非常清楚自己在沟通上存在的弱点，在经过一系列工作、生活挫折之后，小柒一直都在留意学习克服这个弱点的方法。小柒尝试过广泛阅读沟通的书籍，也尝试过参加各大高校的英语角来锻炼自己的胆量，渐渐地，小柒开始在沟通时不再过分注意别人的评价和眼光，敢于表达自己的想法。令小柒改变最大的还是加入了一个非营利的演讲沟通组织，在组织中小柒结识了许许多多和自己有相同沟通问题的朋友，大家以鼓励支持的态度支持彼此，每周固定聚会，脱口进行交流并在大家面前进行演讲。经过 1 年的组织生活，小柒从一个做自我介绍都要进行心理建设的沟通障碍者，变成了一个侃侃而谈的沟通参与者，也收获了一大帮好朋友。

工作上，小柒主动与每位领导同事沟通交流，自然大方，和同事们的关系越来越融洽，工作业绩稳步提升，工作干劲十足。生活上，小柒积极地结识新的朋友，得到很多优秀男生的欣赏，也交到称心如意的靠谱男朋友。

（资料来源：笔者依据相关资料整理）

小柒的例子只是一个方面，其实很多人都存在类似的问题，很多大龄青年相亲数次，很多却均以失败告终，很多人婚恋过程中障碍重重，究其原因，并不是对方不够好，环境不够好，而是自己存在欠缺的地方。案例中，小柒不善沟通时，人际关系一塌糊涂，生活也寂寞迷茫；当小柒学会与人沟通的本领后，工作和生活都出现了转机，一路绿灯前行。想做沟通中的巧者，首先要处理好与己的关系，审视自己的弱点并努力克服它，才能更好地融入集体，理解他人，也为他人理解。

案例 3-5

忘带钥匙的气愤

小莉暑假回家和妈妈一起出门逛街，回家时把全身上下摸了个遍，都找不到钥匙。虽然很不情愿，但只好被迫接受了母女俩都没带钥匙的现状，导致进不了门。而小莉的爸爸此时正在外地出差，也没有办法回来送钥匙。因此，只有打电话请开锁师傅过来开锁。

正值夏天最热的时候，母女俩提着大包小包的东西，在狭窄的楼道汗流浃背地等待师傅的到来。七月酷暑加上内心焦躁，小莉遭妈妈一阵奚落。

妈妈没好气地一直在说，“要你把钥匙带着总不记得，你这是把家当旅馆，一点责任心都没有……”

小莉很不开心，不停地辩解甚至反击，越是解释妈妈越生气，说得更难听。

小莉辩解道，“这又不是我的错。”

小莉妈妈责备地回道，“那是谁的错？难道是我的错？”

小莉哭着说，“为什么一定要有个人有错呢？”

妈妈愤怒地说，“没错的话，我们在外面站了这么久，还要花冤枉钱找人开锁，这不是错是什么？”

（资料来源：笔者依据相关资料整理）

案例中的小莉妈妈将所感受的问题都归因于“某个人的错”，由于平时不进行自我沟通，如果必须要找出一个对外攻击对象的话，那个做错事情的人只能是小莉，因此，小莉成为妈妈发泄负面情绪的对象和错误的替罪羊，两人的沟通也变成毫无意义的指责和辩解。若小莉妈妈陷入困境时，能够先进行一番自我沟通，从自己身上找原因，找到下次需要引起注意的地方，及时阻止负面情绪的蔓延，那么接下来的沟通将更为平和友善，家庭关系将更为和睦。

四、沟通与时的关系

心理学将男女恋爱分为四个阶段：初始朦胧期、热恋共存期、依恋与独立期、平淡共生期。当然这四个阶段的划分并不是明确的，只是为了帮助人们了解男女在恋爱不同阶段的一些心理特征和行为特征。

1. 初始朦胧期

这是恋爱的初期，男女双方彼此抱有好感却相知甚少，渴望更多地了解对方。这个时候，男女双方的眼神总在捕捉对方的身影，并制造条件约会见面，从约会中感受愉悦感。男女双方彼此有了一点了解后，就会情不自禁地美化对方的形象和能力，爱上了经过自己美化后的幻象。而对这种幻象的迷恋之情，很多人则称之为“爱情”。有一句话说得好，不是你爱上了谁，而是你爱上了你的“爱情”，指的就是这种情形。在这个阶段由于头脑中会产生许多美好的幻觉，因此也称为恋爱的朦胧期。不过，如果一个人有过三次以上的恋爱经历后，在和新的异性交往的时候，基本上就不再会抱有不切实际的幻想了。

2. 热恋共存期

热恋期大多是从一吻定情开始的，接吻往往是热恋的一个象征动作，通过亲密动作将男女双方带入到亲密关系中。这时候男女双方开始形影不离，一日不见如隔三秋，彼此在对方身上找到了自我存在感，热恋阶段的心理特征就是共存，恋爱双方看到的都是彼此的优点，对周围环境漠不关心，可以说双方都已经迷恋其中了。在热恋期，由于男女双方有了更多的接触，因而对对方有了更多的了解，双方的优缺点日渐显露，当一方发现对方和自己以前在心目中塑造的形象有一定差距，并且这种差距令自己很难适应时，就会造成极大的心理落差，而这种心理落差就表现为行为方面的冷淡和疏远，最终一方会提出结束恋爱关系。一般来说，在热恋期双方都会察觉到对方与自己心目中塑造的形象有落差，但很多人还是能够接受这种落差的，两个人的恋爱关系会随着交往而继续升温。男女双方肢体接触不断升级，不再满足于牵手、接吻、拥抱，开始试着爱抚对方的身体直至发生更亲密的行为。男女双方进入依恋期后，双方在日常生活已离不开对方，离开一阵子都会觉得不顺心，有一种心不安的感觉。

3. 依恋与独立期

热恋进入到下一个阶段时，男女双方也会直接面对日常琐碎的生活细节和生活习惯方式的差异，小摩擦不断产生，偶尔也会爆发比较大的冲突。依恋关系代表恋情趋向稳定，这时候至少会有一方（通常是男方）开始追求独立，想要有多一点自己的时间做自己想做的事，这时另一方（通常是女方）就会感到被冷落。但这其实是很容易理解的，鱼饵上钩被钓上来后，钓鱼的人还会再抛鱼饵给钓上来的鱼吗？而对于缺乏安全感的女生来说，被男生冷落的感觉让她十分惶恐而不安，就会十分怀念热恋阶段的男生取悦自己的“爱情”，这样就会产生很大的心理落差和不安全感，于是就开始对男朋友表达不满。如果男朋友不懂女生的心理，就会觉得女生胡搅蛮缠，男女双方的冲突就可能会不断升级。这个阶段是恋爱关系的高危期，一方寻求独立，另一方寻求依恋，当双方的追求处于对立关系时，很多恋人就忍受不了这种自己被对方冷落的感觉而提出分手。我们每个人谈恋爱都会经历这样的由依恋到独立的阶段，当进入到独立阶段的时候，实际上代表的是恋爱关系更稳固，而这种更稳固的现实才代表了真正的安全感，这是需要意识到的。但人们的潜意识是感性的，很多女生一旦察觉到自己被冷落，就会产生自己会被对方抛弃的不安全感，就会不断地胡思乱想和不断地表达不满，最终把自己推到近乎崩溃的地步。最终很多女生因无法承受内心的压力而向男朋友提出分手，以寻求心理解脱。

案例 3-6

小优的烦恼

小优最近很烦恼，因为以前和男朋友都是天天腻在一起，每天见面都不嫌烦，但是最近他会选择跟朋友去网吧开黑而不愿陪自己，主动约自己吃饭见面的频率也下降了，甚至有时主动约他，他还会以工作太忙为由推脱。然后小优进行自我检讨，发现可能是自己没有爱好的原因所以感觉特别难熬，于是就去工作，反正想办法让自己忙碌起来，但是心里还是会难过，还是希望他一直想着自己，更依赖自己。

终于，小优受不了这种状态了，跟男友约在了安静的咖啡厅，心平气和地想要解决这个问题："不跟我待一起的时候你会不会想我"？男友说："会啊，一空闲下来就会想，想你在干吗，但是不会一直联系你去说想你，那样的话感觉太矫情了，毕竟我们已经不是刚开始谈恋爱的阶段了。"小优不甘心地说道："可是我觉得你没有以前那么在乎我了。"男友带着一脸宠溺地说："你上周五跟你发小出去玩，我就很吃醋，但是我不好意思说啊，而且我也相信你，相信自己。我觉得我们已经从热恋期到了稳定期，感觉跟你不需要再小心翼翼相处了，才会不去绞尽脑汁想怎么讨好你，也不会将自己置于一个不安全的地位，胡思乱想。"

（资料来源：笔者依据相关资料整理）

在以上案例中，很明显的就是恋爱关系阶段过渡的表现，可能很多时候，亲密关系双方对于恋爱阶段的变化感知是不同的，一方可能会比另一方更为敏感，更先一步进入下一阶段，这时要求我们处理好沟通与时的关系，去检查审视自己的亲密关系处于什么状态，做亲密沟通中的巧者，帮助我们更好地维系亲密关系。

4. 平淡共生期

恋爱关系进入平淡共生期时，男女双方的感情随着恋爱关系的进一步稳定而平淡下来，约会与其他活动的频率也会降低。双方就会开始适应平淡的生活，最终进入婚姻，共同生活在一起。但也有些男女恋人因为恋爱时间短或适应能力弱而未能在心态上接纳平淡，而是仍然在幻想和期待热恋阶段的甜蜜时光，结果就把问题拖到了结婚之后，导致婚后冲突不断，最后只能分道扬镳。

亲密沟通中，处理好与事、与人、与己、与时的关系着实是一门深奥的学问，首先应该改变自己的行为和心态，从而处理好与自己的事、对方的事、共同的事的关系；处理好与伴侣、伴侣的家庭、自己的家庭的关系；处理好不同时期的关系变化。

第二节　恋爱关系中，主要的细节

恋爱是建立婚姻和家庭的起点，健康美好的爱情是完美婚姻和幸福家庭必要的前提条件。由于受“先立业，后成家”“保大家，舍小家”等主流教育理念的影响，我国年轻人的“爱情教育”严重缺失，这导致了大量具有高学历、好工作的优质大龄“剩男”“剩女”的出现。恋爱巧技能的掌握有助于帮助他们找到正确的爱人和被爱的方法，在感情路上走得更加顺畅。对于成家立业的职场人士，系统了解男女恋爱的巧技能，有利于提高婚姻的质量，也是自我成长的重要内容。

要建立良好的恋爱关系，就要在恋爱互动沟通中，既掌握自我成长、自我丰富的巧技能，又注重提高与恋人在相处上的沟通巧技能，不断调适自我与恋人的关系，与恋人和谐相处。

巧技能 8

女性自我成长与自我管理巧技能

自我成长（安全感的提升）	自我管理（与对方相处上）
丰富自己	不要追问过去
有自己的兴趣	不要逼他每天说“我爱你”
有自己的工作	切忌发号施令且试图控制对方
有自主权但不是强权	接受他的家人
适时的性感	允许他有异性朋友
情绪管理，克制感性	赞美他并注意方式方法

一、恋爱中女性自我成长的途径

1. 女性丰富自己的途径可以有很多，比如：养成看书的习惯、跟有思想的优秀的人交朋友、重视自己的身体、学会投资理财、试着发现生活中的美、远离泡沫偶像剧等。

2. 有兴趣爱好的女人，生活一定是丰富多彩的。沉浸在美好的兴趣中，不仅可以避免成为“望夫石”一样的女人，还可以陶冶性情，修身养性，提高自己的生活品味和素质，同时还能自得其乐。

3. 无论男女，都需要有社会生活，而工作是参与社会生活的重要途径。对女性而言，工作可以让自己拥有自给自足的经济能力、不卑不亢的社会身份、固定节律的健康生活。尤其是在现今社会，离婚率逐年升高，若女性没有独立的经济来源，遇到意想不到的变故时，生活将会非常窘迫。

4. 女性在恋爱时期需要保持一颗理智的心，有自己的主见而不是对男性唯命是从。太听话的女性，往往会让男性失去好奇心和兴趣。与有自主权的女性相处，对男性而言是一种很刺激和激情的挑战，爱情常常会在这种挑战中坚定下来。但女生不可太强权，否则会伤害到男性的自尊心，不利于感情的发展。

5. 性感标准已不仅仅是身体的丰满圆润和衣服穿得还剩多少的问题了，任何女人都可以将性感表现得淋漓尽致。性感的女人首先要自信，其次要有丰富的肢体语言和柔美温软的语调。

案例 3-7

自信是“丑小鸭”变“白天鹅”的秘诀

名模吕燕可以说是一个很好的例子，她出道时被圈里人称为“丑女模特”，而且她还是来自农村的女孩，也没有高的学历。就是这个没有资本可炫耀的女孩，在巴黎获得了世界超级模特比赛的亚军，成为现在时尚界公认的性感魅力女星。和吕燕合作的摄影师称赞她在镜头前特别自信，也很合作，将她独特的东方性感发挥得极其到位。

（资料来源：笔者根据相关资料整理）

6. 从性格特质的统计学角度来看，女性的情绪稳定性比男性更低，更神经质。女性不应该让自己的情绪到处蔓延，更不应该随意向别人宣泄自己心中的愤怒。美国研究应激反应的专家 Richard Carlson 说："我们的愤怒有 80%是自己造成的。"当女性感到情绪不稳定时，应该马上冷静下来，要承认生活并不是完全公正的，任何人都不是完美的，任何事情不会每次都按计划进行。

二、恋爱中女性与恋人相处的技巧

1. 不要追问过去

每个人都有过去，过去的恋情是每个人心中已经痊愈的"伤疤"，而很多女性常常出于好奇心试图再去撕开男人的"伤疤"，这种做法只会再次唤起恋人的伤痛，不利于感情的发展。

2. 不要每天逼他说"我爱你"

男人就算再怎么爱他的恋人，在公共场合，特别是在他的同事和哥们儿面前，想要他说出"我爱你"，简直比登天还难。因为男性在人前总是要表露出独立、强悍的硬派作风，偏偏这三个字给人的感觉太过显露真情。

3. 以柔克刚

许多职场女强人和女上司在工作中养成了强悍硬派的作风，对下属发号施令，呼来喝去。在恋人面前，继续发号施令并企图控制男人。在男人眼里，嘴甜、会撒娇的小女人永远比女强人更受欢迎。没有男人愿意忍受自己的女人整天在自己面前发号施令，展示自己的才干。如果需要男人的帮助，可以用请求的语气，或是偶尔地撒撒娇，让男人自愿地为自己服务，这样才是与恋人相处的正确方式。

4. 接受他的家人

女性和男友的家人没有任何血缘关系，虽然和男友是因为爱情走到一起，但是却难以对他的家人也产生很深的爱。由于女人和男友及男友家人的原生家庭不同，双方很难和平融洽地相处。女人往往无法像爱自己的家人一样去爱他们，有的甚至矛盾重重，让男人夹在中间甚是为难。如果想继续保持恋爱关系并顺利地走向婚姻的殿堂，女人应学会理解、体谅并接受对方的家人，并告诉自己：男友的健康成长、成才离不开他家人的辛勤培育，应心存感激之情。

5. 赞美他并注意方式方法

大多数男人喜欢听自己的女人夸奖，来满足自己的英雄主义情结。适当的赞美之词总能让身边的男人如沐春风。懂得赞美艺术的人，轻易就把自己的想法完美地表达了，也给被赞美者带来了莫大的荣耀感。而少数不善于接受“赞美”的男人，在听到自己被“赞美”之后总是会有很强的自我否定意识。因此，如果自以为是地去评论他们，只会增加他们的焦虑和不安。面对这些人，应当尽量多说一些像是“我喜欢你某一方面”“我觉得你在某方面特别优秀”的话，把自己的想法直接传达给他们，便于他们理解。

案例 3-8

懂得赞美艺术的卡米拉

卡米拉之所以能从美丽的戴安娜身边夺走查尔斯王子，看看她是怎么运用赞美艺术的。在1989年两人的电话交流中，查尔斯说：“你最大的成功就是爱我。”卡米拉则充满崇拜地回答说：“哦，亲爱的，你是那么吸引人，爱上你太容易了，比从椅子上掉下来还容易。”

（资料来源：笔者依据相关资料整理）

6. 允许他有异性朋友

生活中，与没有异性朋友的人相比，与异性有正常交往的人往往更加成熟、智力更加发达、身心更加健康。拥有异性友人的男性会更加了解女性的思维方式，懂得和女性的沟通相处之道，从而减少与伴侣的矛盾。但是，异性交往是人际交往中最敏感、最微妙的交往，男性必须把握好正常的“度”。在正常交往的前提下，女性不应过度猜疑、干涉或破坏男性与异性朋友的来往。

三、恋爱中男性自我成长的途径

苏格拉底说，无论如何应该结婚，如果你娶到一个好妻子，你会很幸福；如果娶到一个糟糕的妻子，你会成为哲学家。但是糟糕的妻子很多，并不是每个人都成为了哲学家，无论是在婚姻还是在恋爱关系中，男性的自我成长是尤为重要的。

巧技能 9

男性自我成长与自我管理巧技能

自我成长（增加魅力）	自我管理（与对方相处上）
丰富自己	适度殷勤的灌溉爱情
学会倾听他人	善于交流沟通
学会自我肯定	适当照顾对方的喜好
有自己的事业	给予对方适度的安全感（忠诚）
培养幽默感	切忌自私小气

1. 丰富自己

男性丰富自己的途径可以有很多，比如：端正对待工作和学习的态度、养成看书的习惯、培养自己的兴趣、跟有思想的优秀的人交朋友、重视身体健康、远离网络游戏等。

2. 学会倾听他人

不仅恋爱中的男性，生活与职场中的男女同样都需要经常与人沟通交流，而学会倾听他人是与对方实现良好互动的前提。学会倾听首先要做到全神贯注地聆听，不要打断对方，体会其背后的深意并加以复述，让对方感觉到被接纳；同时还要边听边思考，分析对方传达的信息并适当表达自己的观点与判断，切忌不要让对方觉得在自说自话。

3. 学会自我肯定

对于灵魂来说，感情是一面巨大的镜子。我们总能够通过亲密伴侣发现自己的“特质”。如果我们自己都无法接受自身的某些东西，那就不能指望亲密伴侣接受它们。自我肯定能够带来很多好处，其中之一就是在感情上少些隔阂，这也意味着会给恋爱关系带来更多的良性循环。

4. 有自己的事业

事业是男人生存的基础，是男人价值的真正体现。拥有自己事业的男人是自信的，因为事业是对他能力的一种肯定。钟爱自己的事业并为之奋斗的男人在女人眼里是迷人的、有魅力的。

5. 培养幽默感

所谓幽默感，就是一种提升他人与自己相处的愉悦程度的能力。男人的幽默感就像女人的好身材一样，对他人来讲是一种天然的吸引力。幽默感作为个人魅力的加分项，可以体现男性的很多方面，例如，有幽默感的男生会用轻松诙谐的语言缓解尴尬的谈话氛围，体现其机智聪慧，有幽默感的男生会在适当的场合适度地自嘲，体现其自谦有礼等。提升幽默感，需要从内在、外在、修养、思想等很多方面去努力，因为有涵养支撑的幽默感才是幽默，否则可能沦为不讨喜的玩笑。

四、恋爱中男性与恋人相处的技巧

1. 适度殷勤地灌溉爱情

恋爱中最不可缺少的就是真心，男人通过向女朋友献殷勤，一方面确实可以为对方提供许多实际帮助，解决一些麻烦问题，同时更是在向恋人表达自己是真心爱着对方的，这对于获得女友的信赖和增进两人的感情十分必要。但同时要知道过犹不及，凡事都有度，对女生的照顾亦是如此。很多时候过度殷勤非但不会取悦恋人，反而会造成对方生活和心理的负担。

2. 善于交流沟通

女人经常抱怨说，跟男人说话时，对方要么根本不听，要么听了也不理解。上述情景在恋爱、交往乃至婚姻生活中十分常见。研究表明男女之间之所以如此难以交流和沟通，一个重要原因是男女说话的语调和方式存在差异。了解了原因，男人在恋爱中与对方沟通时就要首先学会倾听恋人的诉求，凡事多从对方的角度出发，以女性习惯的沟通方式清楚地表达自己的意见和观点，避免不必要的误会。

3. 适当照顾对方的喜好

在女性的各类需求中很重要的一点是认同。随着时代的进步与收入的提高，女性的形象更加多元。现代女性除了生儿育女之外，越来越热衷于培养和发展自己的特长与喜好，例如，自己的女友恰好是女画家协会的会员，如果爱人能够认同她的喜好并给予必要的支持，对女性来讲将是莫大的满足。

4. 给予对方适度的安全感

如果问一个女人，她在爱情中最想要的是什么，最可能得到的答案并不是昂贵的礼物、浪漫的氛围、欲望的满足，而是安全感。缺乏安全感的本质是害怕，害怕自己被抛弃，害怕自己有危险，害怕自己不值得被珍惜，而又无力承担独自面对这个世界。因此，恋爱中的男性如果能够恰到好处地给予对方必要的安全感，不仅可以使恋人免于担心与害怕，而且还会增进女朋友对自己的信赖。给予女人安全感的最重要的方式是保持对她的忠诚。对于女人来说，如果男人对待自己不忠，拈花惹草且对待感情不专一，只会让女人感到不踏实，看不到爱情的希望。

5. 切忌自私小气

自私小气这种毛病，看似无伤大雅，实则伤人于无形之中。自私小气的男人在每件事情上只会在意自己的感受，很少站在女人的角度看问题。由于心胸狭窄，在单位和生活中也很难表现出豁达的心态，与同事之间、邻里之间很难相处融洽，所以他的事业很难有大的发展，心情也很难阳光明媚。因此，男人不管是对待恋人还是组织中的他人，切忌不要自私小气。

案例 3-9

如何面对彪悍的另一半

近代有名的学者胡适，曾想跟老婆江冬秀离婚，老婆拿起刀就要杀儿子。多年后说起此事，老婆气犹未平，拿起一把裁纸刀向胡适掷去。胡适以自己的切身体会，创立“新三从四德说”：太太出门要跟从，太太的命令要服从，太太说错了要盲从；太太化妆要等得，太太生日要记得，太太打骂要忍得，太太花钱要舍得。“新三从四德说”把怕老婆提升到理论的高度，具有里程碑式的意义。

房玄龄是唐初宰相，在家备受老婆的压制，太宗赐给房玄龄一妾，房夫人死活不允许，太宗拿一杯醋，声称是毒酒，赐给房夫人，让她不遵旨就自尽，房夫人毫不犹豫，一仰脖喝下去，据说“吃醋”一词来源于此。皇帝都无可奈何，房夫人的威力可见一斑。

（资料来源：笔者依据相关资料整理）

第三节　夫妻关系中，主要的细节

婚姻是恋爱的归宿，代表着爱情瓜熟蒂落。爱情三元论也贯穿于婚姻之中，不同的时期，爱情三元论的成分强弱会发生变化。在新婚蜜月期，三种成分都处于峰值，但随着时间的推移，激情会慢慢退却，承诺与亲密可能与日俱增。若婚姻处理不当，亲密、激情都将褪去，承诺也会被打破。因此，夫妻双方从陌生、相识、相知、相恋、身心的结合到婚姻的妥善经营，可以说是一场最难的修行。唯有在婚姻的修行中系统地掌握如何来爱身边最亲近的人的能力，才能具备关爱同事、关爱他人的能力。

一、妻子应该做的事

1. 接受丈夫的全部

女人对男人的接受，对于男人来说十分关键。然而，很多婚姻的破裂是源于夫妻双方都不接受彼此的真实模样。切忌不要有意去设法“改造”对方，要求对方变成自己心中构建的那个样子。这必然带来对方的愤怒与反抗，并进一步造成对关系的不利影响。这种要求正是亲密关系走向和谐稳定的又一个杀手锏，也是阻碍我们自己去深入内心认识自己、了解自己并进一步自我成长的利器。通过婚后生活在一起的潜移默化的过程，人的个性自然而然会发生变化。

2. 顾及男人的脸面

有些女人很善解人意，该给男人面子的时候绝不吝啬，而有些女人很不明智，经常毫不留情地撕碎男人的面子。比如当着众人的面揭男人的短；当着亲戚的面，把老公说得一无是处；当着子女的面，说老公不配为人父；当着朋友的面，埋怨男人不会赚钱；在聚会上要小性子，甩手而去；大庭广众之下，把男人骂得狗血喷头；经常在家庭矛盾中，斥责老公无能；时不时地把家丑外扬；当着男人的面，和别的男人打情骂俏等。男人一旦丢掉了面子，心里的阴影便会越积越重，直到冷彻肺腑。

3. 懂得对丈夫表达感恩

随着女性受教育程度的提高，越来越多的女性具有强烈的事业心，并且在职场取得前所未有的成功。给“女强人”提出三点忠告：舍得牺牲，适时“示弱”，懂得感恩。虽然工作繁忙，但也要多花一点心思在爱情及家庭上。对于老公的点滴付出，则要懂得感恩，肯定老公对家庭的贡献。

4. 肯定对方的优点但要适度

对待爱人的优点，要积极认同并加以鼓励。在肯定爱人优点的时候，也要讲究方法，不能一味肯定和赞美，不能盲目崇拜和敬仰。若盲目崇拜，可能导致对方对自己的轻视。如果把对方捧在天上，自己的姿态就势必会低到尘埃；如果一味表扬甚至附和，对方会变得骄傲，从而受到忽视。

5. 支持丈夫所做的努力

每个伟大的男人背后总有个更伟大的女人。女人不是要停留在男人身后，而是应该支持丈夫所付出的努力。当男性所挚爱的女子用任何一种方式接受并且鼓励他们的时候，他们的能量是超乎想象的。

二、妻子不应该做的事

1. 敏感但不要多疑

适度敏感但不可过度敏感，多疑是种病。爱人和异性的正常交往，如说话、聊天、发短信、微信大可不必耿耿于怀。夫妻之间，只要不违反婚姻的契约关系，完全可以给对方足够的自由。猜疑爱人，会让爱人感到不受尊重，进而产生屈辱感。长此以往，爱人可能会采取措施进行报复，以达到心理平衡。

2. 不要尝试去控制对方

控制对方，等于限制自己。男人有了问题和压力，女人要给他足够的空间去休息、去疗养、去考虑对策，给他一个自己的“山洞”，让他一个人静一静，别去打扰他。夫妻虽然很近，但是也必须有自己的隐私和自由。过分地注意对方的一言一行，时时刻刻追寻对方的踪迹，就是消耗时间和精力，女人也会变得不堪重负。

3. 不要当着他的面夸另一个男人

就如女人也不希望男人在自己面前夸另一个女人一样，男人也很介意女人当着他的面夸另一个男人，就算这个男人是女人的亲人或是男人的朋友，男人都可能无法忍受。女人和丈夫在一起的时候，却拼命地夸另一个男人，这除了会让男人觉得对方看不起他之外，也是非常不理智的做法。

4. 拒绝任何形式的暧昧

在职场中，妻子应自尊自爱，与领导和同事保持适当的距离，婉拒不明确的职场社交，不要接受异性的馈赠，警惕上司给予的与个人工作、学习、业绩不相符的奖赏和提拔。在虚拟世界中，妻子应保持对丈夫的忠诚，坚决拒绝任何破坏夫妻感情的网络活动，如与男性朋友网上暧昧、与陌生男性网络交友或玩虚拟婚姻游戏等。

5. 沉迷网上购物

不少女性对网购欲罢不能，有的甚至影响了家庭和生活。有报道显示，苏州有一名女子因网购成瘾与丈夫发生争执，一气之下剁下了自己的大拇指，以示戒掉网购的决心。

巧技能 10

妻子该做和不该做的事情

妻子该做的事情
- 接受丈夫的全部
- 顾及男人的脸面
- 懂得对丈夫表达感恩
- 肯定对方的优点但要适度
- 支持丈夫所做的努力

妻子不该做的事情
- 敏感又多疑
- 尝试控制对方
- 当着他的面夸另一个男人
- 任何形式的暧昧
- 沉迷网上购物

三、丈夫应该做的事

1. 关爱疼惜伴侣

记得出差每天一个电话。出门在外，最牵挂自己的人就是自己的妻子，为了让她放心，为了让她睡好觉，别忘记每天打一个电话。

记得妻子的生日，世界上最近的人，就是自己的妻子，如果忘记了她的生日，她会很伤心。生日那天，记得不要让她做饭，有条件的话，可以带她去吃美食，让她也享受一下浪漫。

2. 陪她聊天

女人天生是喜欢倾诉的动物，她们通过倾诉把压力释放出来。所以，一个爱妻子的人，一定要学会倾听和陪聊。不轻易打断女人的话，偶尔表示赞同，会让妻子更加爱你。

3. 学会回家

演员陈道明说："好男人的基本标准：不一定要浪漫，但一定要负责任；不一定要挣大钱，但一定要养家；不一定要事事听父母，但一定要有孝心；不一定要三从四德，但一定要宠老婆；不一定要飞黄腾达，但一定要有时间陪家人。"回家的男人，才有饭吃，才有衣穿，才有人嘘寒问暖，才能够体会到妻子的担心，才能够感受到儿女的挂念，才能够享受到天伦之乐的幸福。

4. 充分理解妻子

女人的唠叨是一种关心爱人的形式，这是她幸福感的宣泄，千万不要打断她心底那幸福感的奏鸣 。妻子撒娇是爱的赐予，把柔情献给丈夫，鄙视丈夫的女人是不会在丈夫面前撒娇的。男人应该怕老婆，"怕"是谦让，是爱的凭证。

5. 坚守婚姻的承诺

张中行先生写的关于伴侣的断想："已成伴侣，应珍视如意部分，忽视不如意部分，'躬自厚而薄责于人'。坎坷经历，时间拉长，会使不如意部分淡化，如意部分浓化，以是，伴侣不难成为恩爱的。事来于天，成于人。”张先生的话，无疑也是我们经营婚姻的一个秘诀。

6. 主动承担部分家务

家务应由夫妻双方共同承担，如果其中一方工作较忙的话，那另一方可以多承担一些，但是在他空闲的时候，一定也要从事一些家务。即便是全职主妇，也不应包揽所有家务。夫妻一起从事家务劳动也是一种家庭生活情趣，所谓男女搭配干活不累。夫妻在一起协作，有利于夫妻加深感情，培养情趣。

7. 保证亲子时间

在中国有着长期的“男主外、女主内”和“看孩子是女人的事”的传统，尽管《三字经》中有“养不教，父之过”的古训，一些男士还是不愿意待在家里。父母共同参与亲子教育，有助于孩子理解男性和女性的不同角色；如果没有父亲的参与，男孩在表达男性特征和女孩在表达女性特征时会遇到障碍。4 岁前不与父亲一起生活的男孩在性别角色上趋于女性化，同时，早期失去父爱的女孩在女性角色的形成上也受到影响。

案例 3-10

父亲在儿子成长中的角色

张晓的老公陈伟供职于一家大型国有企业，儿子刚出生不久，陈伟就被派往海外分公司工作，从此照顾儿子就落在张晓一个人的身上。虽然，张晓与丈夫的感情依然相当亲密，可在与儿子的相处过程中，她渐渐地发现，无论妈妈如何尽心尽力地照顾他，也无法完全取代爸爸的位置。前两天，张晓带儿子去野生动物园看动物，许多小朋友都由爸爸领着兴奋地拿着面包屑喂小动物，可因为张晓生性害怕跟动物亲密接触，所以儿子也特别害怕小动物。张晓深深地觉得爸爸妈妈在孩子成长中的角色是完全不一样的，回来跟丈夫沟通后，丈夫每次休假回家都会专门腾出时间与儿子单独相处，与儿子一起发掘好玩的事情。

（资料来源：笔者依据调研资料整理）

8. 积极开导妻子

女人天生内心敏感、心思细腻，加上兼顾家庭和工作的压力，难免让女人有脆弱无助的时候。丈夫应该常常换位思考，积极开导女人，帮助女人打开心结。积极而温暖的话语是开导妻子的方式之一，其实丈夫也可以组织很多户外活动来帮助妻子走出低落的情绪。

四、丈夫不应该做的事

1. 不可斤斤计较财产

家庭里该开支的，一定要开支。家里可以没有奢侈品，但是得有必需品。如果有能力，男人应适当满足女人穿衣打扮的消费需求，因为爱打扮是女人一生的爱好。

2. 不可大男子主义，更不可耍蛮横

传统大男子主义意味着男人在婚姻中占有绝对的主导和支配地位，一切是“他说了算”，另外也充分地表达了一种不平等。男方不可以耍蛮横，不能仗着自己有力气，在生气的时候以武力相威胁，或者直接付诸武力。打人犯法，家暴可耻。

案例 3-11

小兰痛苦的婚姻生活

小兰，26 岁，性格非常软弱，从老家远嫁到上海。丈夫于宏，34 岁。最初相识的时候，小兰觉得于宏重点大学毕业，国企就职，条件还算不错，便决定交往。恋爱中，小兰发现于宏是个有担当、有责任感的人，他不抽烟、不喝酒，且无不良嗜好，对自己的父母相当孝顺，还积极地筹划与小兰二人的未来。恋爱半年后，二人迈入了婚姻。婚后，小兰发现于宏有严重的大男子主义思想。他对小兰缺少关心，当小兰哭了、病了或是累了时，从来不管不问，把她当成附属品。于宏认为，赚钱是他的责任，而家务事、孩子应全权交给小兰。当然，他的工资卡、房产等也自己一手掌握。结婚快四年，于宏打着为小兰好的旗帜对她各种语言暴力，什么废物、蠢蛋、脑子不开化，甚至还动手狠狠地打了小兰，这让小兰对生活的热情渐渐消退。于宏明令禁止小兰交际朋友，认为她的朋友都是下三滥。对小兰的父母，一年到头从不主动关心，还在小兰面前故意贬损她的父母和弟弟。

于宏总是很少跟人交际沟通，就连他父母也一样，家里都是冷漠相对，没有欢声笑语。

（资料来源：笔者依据相关资料整理）

3. 坚决拒绝“小三”的诱惑

第三者插足是许多婚姻瓦解的直接原因。男人必须控制自己的道德良知，遇到“小三”的诱惑，一定要态度明朗，坚决回绝；在职场中，一定要公私分明，把握好分寸；任何时候都需要控制冲动，临危不乱。只有这样才能坚守好婚姻阵地，保卫好爱情成果。

4. 不可沉迷于网络

互联网在给我们提供便捷的同时，也带来了不少问题。婚后，不少丈夫因沉迷于网络，不收拾家务，不读书学习，知识退化，不思进取，夫妻关系恶化，甚至导致婚姻破裂。

案例 3-12

可怕的网络游戏

“80 后”男子朱某婚后迷恋上了网络游戏，为购买网络装备，耗资几十万元，先后将两套住房出卖，一家人生活质量直线下降。日前，这对“80 后”的小夫妻在当地人民法院协议离婚，五年的婚姻历程因为丈夫沉迷网游而画上了句号。

（资料来源：笔者根据相关资料整理）

巧技能 11

丈夫应该做及不应该做的事情

丈夫应该做的事情

- 关爱疼惜伴侣
- 陪她聊天
- 学会回家
- 充分理解妻子
- 坚守婚姻的承诺
- 主动承担部分家务
- 保证亲子时间
- 积极开导妻子

丈夫不应该做的事情

- 不可斤斤计较财产
- 不可大男子主义，更不可耍蛮横
- 坚决拒绝“小三”的诱惑
- 不可沉迷于网络

第四节　亲子关系中，主要的细节

孩子是爱情的结晶，是婚姻树上的果实，这枚果实在夫妇的眼中，像一颗明珠，光芒耀眼；像个天使，给生活带来无尽的快乐和幸福；像一块磁石，紧紧地吸附着婚姻树；像一枚黏合剂，把二人的脚步紧紧地粘住。可天底下没有人，天生就会做父母。甚至不少父母直到孩子成家立业，也未曾悟出养儿育女的智慧。亲子关系一塌糊涂，家庭矛盾冲突不断。养儿育女是人生的一场修炼，是父母探寻自我的重要过程，是学会与自己创造之物和谐相处的智慧，具备经营亲子关系的能力是通向自我成长和家庭幸福的重要途径，强大的亲子关系也将成为我们在职场上奋斗的力量源泉。

一、父母应该做的事

1. 活得有自我，平衡生命中的角色

许多人一辈子都在为一个角色而活，他们甚至忘记了还有自我这回事。许多女性为人母亲以后，更多的只是把自己视为“某某小孩的妈妈”，所有的思考方式和观察世界的角度变得非常单一，在绝大多数时候都站在“妈妈”这个角色的角度来思考问题，做的事情一切以孩子为中心考量，例如要出去旅行，就会优先考虑适合孩子的地方，孩子喜欢玩什么，那个地方的食物孩子喜欢吃吗，等等。

越是把孩子当成自己全部的人，和孩子的关系问题也越严重。因为我们越无法在一段关系中做到独立，就越失去自己生命的重心，就会把这个重心压到孩子身上，对孩子有非常多的要求和期待，例如期待对方永远保持开心快乐，如果对方表现出低落沮丧就会非常焦虑，并且过度介入；又或者期待对方要拥有健康，如果对方有些可能影响健康的生活习惯，例如抽烟、熬夜、挑食……会过度紧张担心，并且用过激的方式去管控对方。

其实我们生命中的角色是多种多样的，在单位，我们就是员工；和父母在一起，我们就是子女；和爱人在一起，我们就是伴侣；和友人在一起，我们就是友人。每个角色都是用来服务于我们的生命本体，而不是用我们的生命来服务某个角色的，若我们沉迷于某个角色，对自己的生命本体遗忘太多，将渐渐失去自我。

2. 给予孩子充满爱的原生家庭

卡耐基夫人说，所谓幸福的家庭不是物质上的丰富，而是充满了爱和理解的家庭。每个存在心理缺陷的成年人，大都在童年时间没有获得足够的关注和爱。幼年的哭闹得不到回应、父母关系冷漠、强势指责等对后天的亲密关系和性格形成的作用，虽自身无法察觉，却是根本原因。我们无法选择自己的原生家庭，可是我们可以为自己的孩子创造一个充满爱的原生家庭。

巧技能 12

怎样营造充满爱的原生家庭

1. 时刻让孩子觉得你是和他 / 她在一起的，你不会因为成绩不好或是什么改变对他的爱。

2. 告诉孩子他是独一无二的，勇敢地做自己，不要一辈子为别人的看法而活。

3. 发生分歧的时候，告诉孩子也许他是对的，不要用父母地位的权威来压迫孩子。

4. 耐心地倾听孩子想对你说的话。

5. 在需要的时候给孩子鼓励。

6. 夫妻关系和睦友爱，不当面吵架，有矛盾的时候好好解决。

7. 就事论事，当孩子做出让自己生气的事情时，寻找孩子行为背后的动机，而不是责怪行为本身。

8. 永远别说“你不听话就不要你”。

3. 做到与孩子共情

良好的亲子关系中，父母要能做到共情。所谓共情，也可以说是同感心、同理心、通情达理、设身处地等，是指体验别人内心世界的能力，同时也是让孩子的情绪有宣泄的机会和出口。有时候，孩子跟父母倾诉，他们只想要理解和认同，而并不是需要出谋划策或被批评。所以，父母要能设身处地地理解孩子，这不仅让孩子感到自己被理解、悦纳，从而会感到愉快、满足，也促进了孩子的自我表达、自我探索。

当父母与孩子沟通的时候，如果缺乏共情，则孩子会感到失望和受到伤害，认为对自己不理解、不关心，减少甚至停止自我表达。同时，还会造成父母对孩子的自我探索不加注意，影响孩子的自我了解。甚至父母可能不能真正了解孩子的问题与需要，因而做出的反应也常常缺乏针对性。

4. 充分尊重并支持孩子

教育家陶行知先生说过，“解放孩子们的手，让他们尽情去玩；解放孩子们的脚，让他们到处去跑；解放孩子们的脑，让他们自由去想；解放孩子们的嘴，让他们随意去唱去说。”对待孩子的天性有两种极端的心理，两种心理对孩子的成长都有害：一是忽视；二是期望太切。忽视会使得孩子的天性像茅草一样自身自灭，期望太切难免拔苗助长，反而让天性夭折，因此，对待孩子的天性，父母充分尊重就好。

著名作家张洁也曾说过，任何一种兴趣都包含天性中有倾向性的呼声，也许还包含一种处在原始状态中的天才的闪光。兴趣是孩子最好的老师，有了兴趣就成功了一半，因此充分尊重孩子的兴趣，对父母来说就成了至关重要的事。

案例 3-13

纳什的数学天赋

著名数学家与经济学家、博弈论之父、诺贝尔奖得主约翰·纳什在小学时期，学习成绩（包括数学成绩）并不好，被老师认为是一个学习成绩低于智力测验水平的学生。比如在数学上，纳什非常规的解题方法就备受老师批评，然而同样身为教师的纳什母亲对纳什充满信心，鼓励纳什按照自己的思路去思考、解决问题，还不断地帮助纳什。而后来的事实也证明，这种另辟蹊径恰恰是纳什数学才华的体现。这种才华在纳什小学四年级时便初现端倪，而高中阶段，他常常可以用几个简单的步骤取代老师一黑板的推导和证明。1948 年，大学三年级的纳什同时被哈佛、普林斯顿、芝加哥和密执安大学录取。后来的事情自然不必多说，纳什在 21 岁博士论文中就提出了“纳什均衡”的概念。

（资料来源：笔者根据相关资料整理）

每个孩子都会有自己的天赋、兴趣、天性，也许在它们刚刚显露时并不为家长注意或者在传统观念上并不表现为一件令家长满意的事情，试想，如果纳什的母亲不是一位懂得尊重、支持孩子天赋和兴趣的母亲，会怎么样呢？她在老师向她抱怨纳什的问题后也许会主动打压纳什，毕竟家长也不喜欢自己的孩子及自己经常被老师抱怨，那么“纳什均衡”也许就不会存在了。

5. 高质量的陪伴

没有足够的时间陪孩子，是不少职场爸妈所焦虑的问题。事实上，陪伴质量比时间更重要，陪伴并非越多越好。不少人都认为，陪伴越多，对孩子越好。而美国《婚姻与家庭》期刊发布的一项研究报告表明，父母在孩子 3 ～ 11 岁间的陪伴数量，与孩子的成长结果没有必然关联。因内疚而补偿陪伴时间，反而有害无益，“父母的压力，特别是当妈妈在工作与试图多陪孩子的心情之间纠结而产生的压力，会影响到孩子的情绪，”研究人员称，“当妈妈身处压力、睡眠障碍、罪恶感与焦虑的状态中时，这种压抑的状态，会使孩子产生行为问题和情绪问题，甚至是更低的数学分数 。”

何为高质量的陪伴？一向重视亲子的西方社会将其称为 Quality Time，即排除工作干扰和外界杂物，专心地与孩子亲近互动的宝贵时光。高质量的陪伴与时间长短、频率多少都没关系，关键在于用心，要让孩子感受到快乐、安全，而且陪伴的过程是有趣好玩的，不给孩子带来精神压力。

现实中，陪伴时间家长没少花，但“隐性失陪”现象也越来越严重。捷和教育创始人、儿童心理咨询师张欣华透露，她所接触的个案中，躯壳式陪伴最常见，“看似在陪孩子，精神、心思却在其他事情上，如玩手机、想工作、看电视。”还有些只是每晚教孩子做作业，或带孩子去上补习班，这种“教导式陪伴”的质量一样大打折扣。

二、父母不应该做的事

1. 不靠宠，靠约束和节制

父母爱孩子并不是凡事都顺着孩子，溺爱只会导致孩子有恃无恐，做事没有原则，乱发脾气，为所欲为。作为孩子来说，还没有能力去辨别什么事情是对的，什么事情是不应该做的，需要父母来帮助引导。在引导上注意方式和方法，让孩子明白事情的好坏，为什么要这样做，父母需要对孩子做出具体要求并且一定要坚持原则，对于孩子提出的要求，要有约束、有节制地满足他们。

案例 3-14

良好的教养

许多爸爸表达爱的方式就是：喜欢什么，买！但是李小鹏爸爸却似乎很少这样。可能是运动员出身带来的高度自律，他对奥莉很少在物质上纵容。在许多节目里的购物环节，小鹏爸爸对奥莉的购买数量都是有严格限制的，在新加坡的一家纪念品商店，面对琳琅满目的商品，他只允许奥莉买其中一个。但是他表达的时候却又带着一种平等商量的语气：“奥莉，我们只能买一个，好吗？”

而小鹏爸爸自然也有严父的一面。在节目里，有一回奥莉不停地玩爸爸的手机，并且企图把手机藏在沙发底下，多次好声好气地讨要也不归还的时候，小鹏爸爸二话不说，果断地把奥莉抱起来放进了家里专门开辟的惩罚区域——一个小帐篷里面，并且严厉地说“你要道歉。”李小鹏在事后这样解释：“这样的话我觉得能够让她明白她在什么时候应该做正确的事情，要给她一个正确的价值观。”但他的教育最棒的地方在于，让奥莉从小黑屋里出来事情却并没有结束，而是让她自己去把藏起来的手机拿出来给他——惩罚不是目的，改正才是，自己犯的错需要自己弥补。

在吃早饭的时候，奥莉指着其中一个盘子里的食物表示想吃，妈妈马上说，“say please”（要说请），于是奥莉就双手合十，做出拜托拜托的姿势。

（资料来源：笔者依据相关资料整理）

2. 不要拿孩子做比较

从小学到高中，从高中到工作，我们身边都有一个同样的伙伴，Ta 聪明、乖巧、深得爸妈欢心，Ta 名叫“别人家的孩子”。几乎所有孩子都曾经或多或少地被父母拿去和别人家的孩子比较过，仿佛无论我们做得再多，都不及别人家的孩子一半优秀。其实这样的比较，很容易折损孩子的自信心，常常得不到肯定会导致自我价值感和认同感过低，产生负面的情绪。特别是在青春期等关键时期，还容易激起孩子的逆反心理。

3. 不要急于把孩子拔高成朋友

孩子是有独立灵魂的个体，随着孩子长大，他们的自我意识开始觉醒，一定不会全然按照父母所规定的道路去走，他们有自己的人生轨道。当孩子的灵魂开始完全成熟独立后，我们可以把孩子当成朋友。但在孩子心智未完全成熟时，我们不要急于将孩子拔高成朋友，向孩子过多索要情绪价值。

有些父母会在无意间邀请孩子过来安慰自己，关心自己。特别是当他们经历一些生活中的困苦，内心太痛苦、太脆弱，身边又恰恰没有其他人可以分享的时候，就可能会把孩子拔高成朋友，可是孩子并没有相对我们而言更多的心理能力和现实资源，反而我们会从他们那里攫取一些好友般的支持和安慰。

最常见的例子就是夫妻吵架，转天妈妈（或者爸爸）单独和孩子在一起的时候，忍不住就向孩子诉说自己的委屈，拉着孩子评理，或者跟自己一起骂对方等。例如，有个小女孩爸爸喜欢喝酒，喝醉了晚上回家，她妈妈就会劈头盖脸地骂爸爸，而她却每次都准备好热毛巾，给爸爸擦脸，扶他回卧室休息。

案例 3-15

安心做个孩子

在亲子界限这个话题上，果果的妈妈是非常棒的母亲。比方说有一次，果果的妈妈和果果的阿姨一起去逛街，回来的路上，果果顺口就讲到，前一天奶奶在家里说了一些妈妈的坏话。而果果妈妈呢，当时就轻描淡写地回答她儿子说："嗯，奶奶在家干活累了，发个牢骚，不当真的。” 像她这一句看起来十分简单的回答，实际上就是用行动来 “拒绝” 孩子用这种方式关心自己。果果妈妈的话背后的意思就是，“宝贝，这事情跟你没关系，你就安心做一个孩子，妈妈能够处理好自家的事。”

4. 不要打骂孩子

不少家长都信奉“黄金棍下出好人”这样的信条。事实上，很多时候说服孩子比一顿棍棒来得更管用。让孩子理解自己的错误，认识到错在哪里，远比通过治标不治本的“武力”让他们口头认错的意义更为深远。

巧技能 13

低声教育法

1. 家长应加强修养，遇事不慌。

2. 养成跟孩子商量、提建议的习惯，而不是下命令。

3. 开口时把音量降低几度，语速放慢一半。

4. 想批评孩子，先以正面的语言开头。

5. 把姿态放低，俯下身子或蹲下来，不要居高临下地教育孩子。

5. 不要替孩子选择

高考将近，填报志愿的日子越来越近。然而许多应考生却根本不知道自己想要选择怎样的学校，只是消极听从父母的安排。其实，每个人都必须在未来漫长的岁月中面临无数的选择，这些选择是不能被他人替代完成的。一个孩子，如果不能从年幼时、从学生时代就学会选择，那么当他步入社会之后，必然会因为优柔寡断而造成诸多困扰。

心理学里有一个“投射认同”。在父母和孩子的关系中，父母认为孩子没有选择的能力，认为孩子在选择的时候，肯定会走一些弯路，父母因为有这个想法，就会在对待孩子时无意识地表现出来。虽然父母没有明确对孩子说：“你不行，你不会选！”但是，孩子是会接收到父母这个信号的。而且，这个信号会通过父母的言行举止，源源不断地传给孩子，这就叫“投射”。久而久之，孩子会丧失选择的能力，会成为人们口中的“妈宝男”“妈宝女”，生活自理能力差，缺乏独立性。

4 chapter

第四章

尊重差异，展示特色

高质量的亲密关系可以让彼此自我暴露，表现出真实的自己，为彼此减小压力、提升自尊、获得情感支持。但是世界上不存在两片完全相同的树叶，更不可能存在完全相同的人，不同的人拥有不同的原生背景，从而有不同的性格与表达方式；不同的性别在沟通交流中也表现出不同的需求和处理方式。没有哪两个人是可以完美咬合的齿轮，遇到了就会百分百配合完美、没有丝毫需要磨合之处。在亲密沟通中我们要尊重差异的存在，了解并接受彼此的差异，尽力避免因为差异带来的分歧与争端，并且进一步将差异转化为各自特色，利用这些特色构筑属于彼此的亲密沟通方式。

第一节　男女性别差异对亲密沟通的影响

无论是亲子间的沟通还是恋人间的沟通，抑或夫妻间的沟通，男人和女人总是有不同的表现，正如《男人来自火星，女人来自金星》一书的作者所言：男人和女人在生活的各个方面都不一样。他们不仅在交流方式上不同，并且在思考、感受、感知、应答、反应、示爱、需要及欣赏等方方面面也会不一样。所以在亲密沟通过程中，我们必须明确并了解这些差异，才能做到知己知彼，和谐沟通。

一、亲子关系

父亲与孩子的亲密沟通	母亲与孩子的亲密沟通
男性看待问题较为理性，眼光较为长远，男性活动范围及交际面较广，视野相对开阔	女性看待问题往往较为感情化，着眼于当下，专注于家庭，在社会交往及对新知识接受方面相对滞后
男性在日常护理方面比较粗心，对生活细节比较马虎，极易忽略日常行为习惯方面的培养与教育，导致孩子养成不良习惯	日常护理方面女性相对见长，照顾孩子体贴入微，所以有时会大包大揽，易导致孩子产生依赖心理，不利于孩子成长
男性看待问题较为客观，也比较乐观，但也存在粗心的缺陷，喜欢直出直入，方法简单	女性看待问题较为主观，心思细腻，注意孩子的感受，解决问题比较周全，但缺点是有时缺乏原则，立场不坚定
男性和孩子相处时间短，有时还放不下家长的面子，严厉有余，慈爱不足，平时注重“严管”	女性和孩子在一起的时间较长，情感细腻，所以和孩子关系较为亲密，沟通较为深入

案例 4-1

父亲的爱

在综艺节目《爸爸去哪儿》里有这样一个场景：参观房子时，因为游戏得了最后一名，所以林志颖父子要住最破旧的房子。但是林志颖从一进房间就开始引导 Kimi 发现房子“酷”的地方。“哇！太酷了吧！”“有没有很酷？”“你看，这床怎么这么高？你看看上面是什么？”

在随后领午餐时，林志颖让 Kimi 选择玉米：“你要大的还是小的？”并且让他自己拿。

（资料来源：笔者依据相关资料整理）

从以上案例我们可以看到，父亲在教育孩子的时候常常比较乐观，而且善于引导孩子。通过表达自己的看法引起孩子的注意，并提出问题寻求认同。虽然 Kimi 的年龄是几个孩子里最小的，但是他没有过于娇惯他，也没有事事为他做决定，在吃玉米的小事儿上也是主动让孩子选择且不加以暗示。

案例 4-2

冠军家庭的孩子

在《爸爸 3》新疆站下期中，轩轩与哈萨克族的小朋友展开萌娃组摔跤赛期间，全程“战神”附体，一上场就勇敢地发起进攻，虽然多次被实力悬殊的对手摔倒在地，但依然不放弃。爸爸邹市明不断地鼓励他：“不怕、你行的！”轩轩也很争气，在大家的注视下一次次站起来，小小身躯蕴含的勇气与顽强让不少人动情落泪。轩轩最后说了一句话“他厉害吧，我都快被摔疯了”。他一次次面对失败，一次次跌倒重来，这才是属于运动员家庭的特质，输赢已不再是比赛的全部。

而到了刚刚开播的《妈妈是超人》，我们再一次看到了邹明轩。不过在爸爸邹市明面前已经像个小男子汉的轩轩，当和妈妈冉莹颖在一起的时候，又变回了那个爱哭、有脾气的小胖墩，甚至表现得还不如比他小两岁的弟弟邹明皓。比如节目一开始，就给到了轩轩和皓皓两人在床上打闹的镜头，由于轩轩在玩手机，所以希望旁边的皓皓离他远一点，结果皓皓还是靠了过来，还弄痛了轩轩，轩轩一气之下，给了皓皓一拳，这一幕也把冉莹颖吓了一跳，立马跑过来看看到底发生了什么。不懂事的皓皓虽然被哥哥欺负了，但根本不知道发生了什么，结果在轩轩的投诉下，还被妈妈骂了一顿。

（资料来源：笔者根据相关资料整理）

在父亲身边的邹明轩非常坚强勇敢，不轻言放弃，而在母亲身边的时候他就变成了一个不够懂事的小孩，甚至去伤害自己的弟弟。究其原因，应该还是男性和女性对孩子不同的教育方式。男性在对待孩子时一般比较严格，要求孩子积极向上，男生要有男子气概。而女性在对待孩子时一般比较感性，易纵容孩子，孩子无理取闹的可能性增大。父亲一手带大的孩子可能更独立、更有主见、更强硬，在亲密沟通中可能不会过于关注他人感受。而母亲一手带大的孩子依赖性更强、相对软弱、懂得妥协，在亲密沟通中可能过于在乎他人感受。

案例 4-3

妈妈，我不想上幼儿园

在综艺节目《妈妈是超人》中，马雅舒一家可谓是遭受了史上最大的难题，就是米娅要去上幼儿园了。小姑娘是百般不愿意，相信这个难题很多家长都遇到过！父亲罗伯特拿过书包要给米娅背上，一听到要去学校的米娅就崩溃大哭。这时候母亲马雅舒一如既往地扮演者慈母的角色，回头看向米娅，关切地问怎么回事。并且要罗伯特抱抱米娅。但是罗伯特态度很强硬，他认为不应该听到孩子哭就妥协。于是两人就起了争执，罗伯特认为米娅需要快速成长，马雅舒则认为抱一下没什么事，可以慢慢来。机灵的米娅一听到妈妈松口就赶紧跑向马雅舒。

（资料来源：笔者根据相关资料整理）

此案例中马雅舒的做法很具有普遍性，很多母亲都舍不得自己的孩子不高兴，缺乏原则性，于是会在孩子哭闹时立即妥协。小孩其实比我们想象得聪明许多，他们很会观察家长的脸色，知道什么该做、什么不该做，当有一方妥协时，就会去寻找安慰。这样一来，培养出的孩子在亲密沟通中会过于依赖母亲，善于寻找母亲的庇护。

巧技能 14

培养孩子的好奇心和独立性

培养孩子对这个世界的好奇心：

1. 你自己要有好奇心，如果没有的话，可以假装有。

2. 提问题，询问孩子的感受（不一定要孩子回答）。

3. 要有细节指引。

4. 这件事情需要时时刻刻有意识。但如果孩子没有太大的反应的话，那是正常的。不要刻意，不要强迫，不要生气。

培养孩子独立性：

1. 尊重并有意识地培养孩子自己做决断的能力，给孩子创造选择的机会。

2. 给孩子选择的机会。

3. 永远不要帮孩子做他自己可以做的事情，要鼓励他自己做。

二、恋人关系

案例 4-4

不想分手

王涛最近分手了，但是他其实很喜欢那个女孩，分手感觉很无奈。王涛的朋友去找那个女孩，女孩表示她也挺喜欢王涛，只是觉得他每次回答她聊天提出的问题时都很敷衍，而且很久都没有主动找她聊天了。所以，她觉得王涛一定是不再喜欢她了，走到分手这一步，她也很伤心。

事实上是怎样的呢？王涛说，最近他和自己的师哥一起做生意，天天忙得不可开交，还碰见好多郁闷的事儿。但他觉得这些事儿都该他自己承担，所以也没和女孩说。而女孩呢，被莫名冷落，只好一个人胡思乱想地过日子，想到最后得出一个结论，就是王涛肯定不喜欢她了，于是只好说分手。

究其根源，王涛的沉默可能是造成两人分手很重要的原因。其实在每对亲密关系中，都或多或少地存在这种问题。简言之，就是女人嫌男人什么都不说，男人又嫌女人只会胡思乱想。

女人们总想和自己的男人好好聊聊天，她们甚至会因为男人不想和自己聊天而发火。每当这个时候，男人也感觉莫名其妙，因为他们在想："这个女人到底想让我说什么！"

（资料来源：笔者根据相关资料整理）

在中国，自古男人接受的多是"男儿有泪不轻弹"的隐忍式教育。从小，男孩子就被教育，要成为一个强大的、权威的、有男子气概的人，不能随便向别人展示自己脆弱的一面，哪怕是最亲密的人。于是长大后，男人觉得不该把公司里的情绪带回家，于是即便在公司遇到不开心的郁闷事儿，也不愿意和女人讲。在他们的思想里，这是自己关爱家庭的一种表达方式。他们甚至觉得能做到"不给女人讲自己遇到的郁闷事儿"，才能显出自己的伟大。

而在女性主义运动发展了几十年之后，女人可以和男人接受一样的教育，做一样的工作。职业女性不管是在家庭中还是工作中，都充满了能量，甚至不少女性可以将这两者协调得很完美。重要的是，女人从小没接受过隐忍式教育。她们有正常的倾诉和交流的欲望，懂得如何向伴侣表达情绪，也愿意将自己脆弱的一面展现在伴侣面前。

所以男人不明白为什么女人那么喜欢聊天、倾诉，什么事都要讲出来；而女人也不明白为什么男人有事要憋在心里，一言不发。

性别的自然差异就造成在亲密关系中双方在沟通需求、沟通频率、沟通长度等方面的差异，从而影响沟通质量。

案例 4-5

恋爱中的小事

场景一：

女朋友：我感冒了。

男朋友：多喝水，记得吃药。

女朋友：（悲伤脸）

男朋友：快去休息吧！

场景二：

女朋友：昨天去聚餐吃坏了肚子。

男朋友：吃药了吗？多喝水。

女朋友：上吐下泻好难受。

男朋友：你们在哪里吃的饭？

女朋友：公司楼下火锅店。

男朋友：那一定要转告身边的人，以后别去那里吃饭才好。

场景三：

女：我在上班呢，好无聊。

男：无聊了可以看看视频、玩玩网页游戏呀！

女：没意思，我又不喜欢玩儿游戏。

男：……

（资料来源：笔者根据相关资料整理）

在以上三个案例中，男生的回答都引起了女生的不满，而男生也会觉得丈二的和尚——摸不着头脑，但是男生的回答并没有任何错误之处，究其原因，是因为**女人需要的是被关爱，男人需要的是被理解**。在大多数情况下，男性的思维过程就是：发现问题—分析问题—解决问题—积累经验。所以，在女性说“我感冒了”“我肚子不舒服”“我好无聊”的时候，男性会说多喝水、记得吃药、注意休息等，因为在他的思维模式下，你提出“我感冒了”“我肚子不舒服”“我好无聊”的时候，他必须要解决这个问题，解决方法就是喝水、吃药、休息或者玩游戏。而**女性的感性思维运作模式是：发现问题—产生感受—表达感受（或者不表达）**。所以，女性在说“我感冒了”或者“我不舒服”“我好无聊”的时候，需要的更多的是男性对女性情感上的抚慰与关爱，而并不是怎样解决感冒或无聊这个问题。

另外，在恋爱关系中，女性表达感情时往往更为含蓄，男性则更直接。女性想表达思念或者想要与男性聊天时往往不会直接说，而是通过旁敲侧击来暗示提醒男生，比如女生说“我好无聊”，言下之意就是咱们聊会儿天吧！再比如女生说自己生病了，作为成年人她们当然知道自己应该吃药、休息，那么对话的意义就在于希望男生可以关心她们。思维更加直接的男性很多时候不能接收到这种暗示，造成沟通脱节。

巧技能 15

亲密关系中你需要知道的 7 件事

1. 当女人抱怨时，女人要的是感情的共鸣，但男人却以为她要解答。

2. 男人对女人最常见的抱怨，是女人总是企图要改变他们。当女人爱上男人时，男人便成了她主要的焦点。不管他如何拒绝她的帮助，她都坚持等待任何帮助他的机会或告诉他该做什么。她以为她在提携他，但他却觉得被控制了。相反的，他要的是她的接纳。

3. 火星人（男人）重视力量、能力、效率和成就。金星人（女人）比较在意表达她们的亲切、爱心和体贴。

4. 火星人（男人）通过他达成结果的能力来诠释自己的存在意义。金星人（女人）通过感觉和关系品质来诠释自己存在的意义。

5. 火星人（男人）对“物体”和“事情”比较有兴趣，当女人幻想爱情时，男人已经被那些可以帮助他们创造结果和完成目标并借此表现力量的“事情”占住了。金星人（女人）倒宁愿关心融洽、沟通、共同创造爱地生活在一起。相处关系比工作和科技重要得多，她们的世界和火星人几乎是对立的。

6. 完成目标对男人而言很重要，因为那是他证明能力与自我满足的方法。金星人（女人）认为彼此交谈和建立关系是满足感的最大来源。

7. 火星人（男人）的理论是：我自己可以做这件事，为什么要牵连别人。除非他觉得需要别人协助寻求解答，否则他都自己处理问题。金星人（女人）认为若有人肯帮助她，那是在她的帽子上添饰羽毛，让她觉得自己可爱又受珍视。

（资料来源：《男人来自火星，女人来自金星》）

三、夫妻关系

很多时候，一段关系越重要，持续的时间越长（尤其是伴侣的关系），我们就越倾向于以一种狭隘的习惯性方式展开对话，这使得我们体验到的自我和他人都变得固定而渺小。

在夫妻关系中，女人一直在做“女人应该做的事”——息事宁人、沉默与自我背叛、语言和行为的模棱两可、没有自己的立场。女性可能就会变得容易抑郁、焦虑、头疼、长期感到愤怒与痛苦。随着时间的推移，代价越来越大，有些人学会了安抚自己，变得沉默寡言，不承认环境不公平或者认为这不是很重要，并且把这种妥协定义为“生活”。

与沉默、随和的女性相反，男性可能会用最容易产生问题的方式证明自己的男子气概：强硬而好斗，发脾气泄愤，或者在亲密关系中抽离自己的情感。可能会把亲密关系中让我们感到不舒服的自我隔离。所以就有了两种最具代表性的反应：一是通过家庭暴力的方式来沟通，通过以生理上的优势宣誓主权，表达情感；二是通过不沟通的方式来沟通，宁可不断忍让或视而不见，也不愿意与伴侣商谈。

案例 4-6

喋喋不休的妻子和闷葫芦丈夫

恋爱的时候小乔就是一个话很多的女孩子，每天或是兴高采烈地讲述自己遇到的趣事，或是愤慨地诉说一些糟心的事情。但是当时作为男友的张乐并没有觉得不妥，反而认为是小乔信任他才会向他倾诉这么多，而且觉得小乔在讲故事的时候很可爱。婚后的二人，日子过得也甜甜蜜蜜，但是时间久了，问题难免产生。尤其是孩子出生后，张乐觉得妻子小乔喋喋不休的程度日益加深，每天嫌他不收拾家务，洗碗洗得不够干净，嫌他下班晚，说他最近对自己和孩子的关心越来越少，嫌他奖金发得少。而且一开始的时候，小乔只是关起房门在两个人的时候说这些，后来在孩子面前也不避讳，啰啰嗦嗦地念这个念那个。而张乐本来就不是一个话多的人，在老婆喋喋不休的时候，他为了避免矛盾与争吵只能保持沉默，却没想到，越沉默小乔越是不开心，认为丈夫连跟自己讨论、商量的心思都没有，就算吵吵架也是交流啊。以此造成了二人沟通中一人喋喋不休、一人一言不发的死循环。

（资料来源：笔者依据相关资料整理）

以上案例中的情况相信很多家庭都遇到过，科学家通过解剖、比较正常男性和女性的大脑发现，女性大脑中负责维系左右脑间联系的胼胝体比男性更为宽大。而专门负责语言功能的颞叶脑平面，男性则是左脑更加粗大一些，女性颞叶脑平面则并没有特别集中在左脑，而是左右相差无几。科学家认为，这说明在进行语言功能运作的时候，女性的大脑更多地依赖左右脑协调进行工作，比起男性左右脑分工明确、各个区域各司其职的做法，显然女性更有语言能力方面的优势。并且女性的脑通道更加发达，造成了女性容易喋喋不休。

至于为什么会出现这种奇怪的不平衡现象，一些科学家认为，这是因为男女发育的特性对脑部造成了不同的影响。在婴儿8周大时，男性胚胎脑部就分泌出了大量睾丸激素，扼杀了与沟通相关的细胞，助长了与性和进攻性相关的细胞。与此同时，女性分泌的雌性激素则能促进脑的早熟，并帮助控制与语言相关的皮层更早发挥作用，从而在脑功能上就确立了女性语言方面的先天优势。男性大脑就是从这时候起开始显现出与女性大脑的显著差异的。女性的大脑具有无与伦比的天赋——突出的语言表达能力、善于交际的能力、察言观色的能力、表达内心情感的能力和平息冲突的能力。女孩子比男孩子更早开始说话，并且会延续到成年，女性一般每天要说 2 万字，男性平均每天只说 7000 字。

在男人看来，家里一切收拾妥当，有善做家务的妻子，有可爱的孩子，这就让他们很满足了。他们不再有别的需求。所以当女人对他们说："和我聊聊吧"，他们只会说一句："一切都不错，一切都让我满意"，然后就没什么可说的了。但这并不是巧者的做法，巧者在夫妻沟通过程中会减少差异带来的危害，不冲动、多忍让、多理解。

第二节　原生家庭差异对亲密沟通的影响

亲密关系，很像两个恋人要在一个完全漆黑、伸手不见五指的房间里跳一支很难的探戈舞。要共谱一支最美的人生之舞，我们必须学习了解原生家庭，在漆黑的潜意识中为爱点燃一盏灯。

从小到大我们都没有接受过亲密关系的课程，没有人清楚地教导我们如何亲近别人，于是这项课题就落在了我们自己身上。而往往没有察觉到的是，我们对于亲密关系的学习其实从小就开始了，从家庭开始，从自己的父母、亲人开始。

一对新婚夫妻，妻子坚持牙膏要从底部开始挤，丈夫却从中间一捏，就把牙膏挤出来了。妻子会说牙膏本来就该从底部挤，丈夫会说："你的本来和我的本来，本来就不一样。"

我们来自不同的家庭，有不同的习惯和规则。

一、家庭教育

（一）父母的教养方式

父母的教养方式大致上分为民主、独断专权、宽松。

1. 民主

这类型的父母在教育孩子的时候，在如何解决问题的时候，会提出问题，然后一起平等地讨论，把孩子当成一个独立的个体去进行讨论、表决。

在民主教养方式中成长的孩子会比较有想法。他们通常拥有较高的自尊心、较好的社会能力和较强的成就动机。

2. 独断专权

这类型的父母说什么就是什么，就是要命令孩子，甚至要求孩子跟自己一样，你就是要这样做才是对的，我吃过的盐比你吃过的饭还要多。

在这种教养下的孩子会特别希望去讨好别人，而且很容易把别人的意见看得比自己重要。很容易恐惧和担心：唉，别人会不会觉得自己不好？别人会不会觉得我应该要怎么做？别人会不会觉得我没有达成他的期待？

对于这种情况，建议是，你一定要回到自己身上，想想看什么是你想要的，什么是你自己觉得好的。你一定要有自己的想法，才有办法去对抗外面的声音，活出自己，也才有办法去调整自己的性格，不然很容易没有自己的思想或者兴趣。

3. 宽松

这种教养方式下的孩子很容易形成任性霸道、肆无忌惮的性格。而这种性格在现代变化多端的职场社会中，或者是在你未来的亲密关系中，都是很不讨好的。你会非常不适应，从而产生各种问题。

但是，你的父母、家庭确实对你的性格造成非常深远的影响，但你的性格也不全然是他们所造成的。

父母的教养方式对子女的亲密关系建立、亲密沟通均有举足轻重的影响。“不干涉”不是目的，也不是真正尊重和爱护子女的方式，它的前提是了解自己的孩子，愿意倾听他们的看法，也愿意真诚地交流自己的建议，之后才是“我尊重你的每一个决定”“我希望你快乐地选择自己想要的人生”。

在这个基础上的“不干涉”的宽松才是尊重和平等，只做到“不干涉”就相当于“不负责”，而“听我的就对了”的专权才不是真正的替他着想。为人父母，责任不在于全部承担子女的生活，但必须要真正在乎子女的生活。

（二）在家中的排行

1. 长子或长女

当他是家里唯一的小孩的时候，备受宠爱，依赖父母，当另外一个孩子加入这个家庭的时候，会让他们感到不安，他们会开始了解到权力跟地位的重要。

这些经验会让长子长女比较容易关怀、保护别人，也更容易成长为保守权威的领导者。

2. 次子

他们要跟另外一个孩子去分享父母的爱，常常表现出一些希望超越老大的行为。他们通常比较力争上游，不保守，具有竞争性，对未来充满希望。

3. 独子

他一直都是家庭注意力的中心。在小时候很难学习到跟别人分享合作的能力。独子很小就能学到与大人相处的方式，但也比较容易以自我为中心，因为这个世界就绕着他打转。

长大之后，他们在亲密关系中非常容易出问题，因为以自我为中心，一直寻求注意力，会生发出固执、焦虑等问题，也常常感到孤独和焦虑。

在我们还小的时候，我们的认知围绕两个基本的关键态度：一种基本态度是自我评价，另一种是人际信任。而这两个关键态度的形成主要依赖原生家庭的培养，即在原生家庭中我们感知到的自我的重要性与被信任关系。

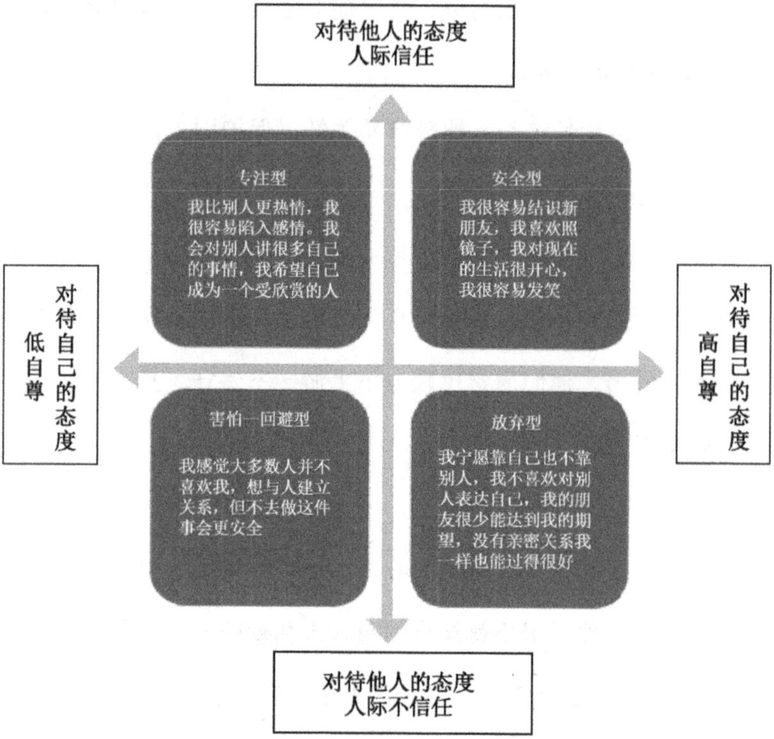

回到亲密关系中，如果你深入地去了解一个人，你会发现原来性格会对他的行事作风、他看重什么、他不在意什么、他的所有想法造成如此大的影响。

如果你知道对方的核心性格，以及背后的原因，就会知道“他为什么这样想”“他为什么这么做”，才能深入地了解一个人，而不至于轻易地误解和伤害对方。

在亲密沟通过程中，最重要的就是知己知彼，我们不但要对自我有深入的了解，也要了解对方是什么性格。然后，相应地调整自己的性格弱势，发挥性格优势，并根据对方的性格，理解和应对彼此，发现亲密关系问题的核心，才能建立一段符合自己期待的亲密关系，把握自己亲密关系的未来。

案例 4-7

父母是孩子的第一位老师

焦阳被朋友们称为新时期的绝顶好男人，因为他既孝顺又仗义，还很呵护妻儿，在这些方面很难挑出他有什么毛病。对于父母，他每周末带着妻儿回家看望父母时，都给父母家里打扫卫生，为他们端茶倒水，还给父母洗脚。对于妻儿，他的呵护也非常周到，经常给妻子做肩颈按摩，跟儿子聊每天在学校中发生的点滴。一次回家的路上下大雨，路上积了不少水，他没有让妻儿蹚水走过去，而是将妻子和儿子分别背过了积水路段。

原来，焦阳这样是因为自己的父母就是这样的。他记得小时候有一次四人在乡间的小路散步，因为路太窄了，父亲蹲下来背着奶奶，妈妈背着自己走过去。这一情景对他产生了深刻的影响，他趴在妈妈的耳边说："妈妈，等我长大了，也背着你。"

（资料来源：笔者依据相关资料整理）

父母作为孩子的第一位老师，他们的行为对于孩子今后亲密沟通的影响不言而喻。在上文案例中焦阳的父母就为他做了很好的示范，成长在一个有爱的家庭环境中，父母的良好行为充分地教育并影响着他，他会自觉地将父母的行为变成自己在亲密沟通中的行为。

二、家庭经济

家庭经济情况往往在不知不觉中影响着个体的性格、世界观、人生观、价值观，从而影响我们的沟通方式、沟通风格等，进而对沟通效能造成影响。

案例 4-8

放弃尊严的求婚

在热播剧《人民的名义》中，祁同伟这个悲剧人物在剧中前半段是一个隐藏很深的神秘人物。随着故事的展开，祁同伟的真面目渐渐展露，他与妻子梁璐的夫妻关系更是博得了观众的关注。

剧中回忆了祁同伟向梁璐求婚的情景：祁同伟事先用学校广播呼唤梁璐出现，随后他手捧一束玫瑰花，单膝下跪在操场等待梁璐出现。梁璐在众人的簇拥中出现，然后接过玫瑰，祁同伟对着她朝天空大喊“梁璐，嫁给我！”旁边的校友们看到这么浪漫的场景，都齐声说“嫁给他！嫁给他！嫁给他！”

（资料来源：笔者依据相关资料整理）

这种在操场上为爱一跪的求婚方式在大多数人眼中都是很值得羡慕的，对于一个英雄来说，本可以是浪漫的美谈。但是对于祁同伟这样出生在贫苦的原生家庭、成长中有诸多不顺利、也看到了很多不公平的人来说，无疑是一件丧失尊严的事情。在贫寒的家庭中长大的祁同伟身体中烙着深深的匮乏感和不安全感，“胜天半子”是祁同伟的座右铭，与天斗，与人斗，其乐无穷。他觉得，只有全世界向自己低头，才会感到满足和安全。所以在婚姻里，祁同伟因为梁璐父亲的地位，为获得想要的政治资源，下跪求婚，并将自己失去自尊的责任推给了梁璐。

案例 4-9

为尊严而战的夫妻

祁同伟：你瞪着我干吗！我告诉你啊，我今天特别不舒服，老毛病犯了，颈椎特别难受。

你让我自己一人静会儿，我不想和你吵架。

梁璐：吵架也不是我的职业，但是你把我吵醒了。

是，我可以当鸵鸟，把头埋起来，装作什么都不知道。但是你也不能这么肆无忌惮地践踏我的尊严吧，为了那个狐狸精不管不顾了！

祁同伟：我践踏你的尊严了吗？你尊严的底线可是够高的啊。

我忘了，您是高干子女。

梁璐：你不就是看上我这一点吗？没有它你能有今天？

祁同伟：我谢谢你（咬牙切齿），这事你都提醒我二十年了！我知道您是豪门，我豪门这饭碗难端，对吧。

所以我才会拼，我拼了命把我失去的尊严，你记住了，我是拼了命地要把我失去的尊严给夺回来。

梁璐：你是践踏我的尊严才夺回来的吧，你的心真是够阴暗的。

祁同伟：我不是一个马前泼水的小男人，所以我犯不上在女人面前就趾高气扬的。我要的是这个世界，在我面前低头。所以说梁老师，你没必要过高地估计你自己。

梁璐：我没高看自己，我就是希望你，不要做得太狠了。我们梁家不愿意受这池鱼之祸。

祁同伟：那以后我的事，你就少插嘴（咬牙切齿），管那么多干什么，跟你说过多少次了，你学学你周围的女人，做好你的东宫正室比什么都强。

梁璐：哼，还东宫正室。祁同伟，你干脆就说是摆设好了！适当的场合，表演一下恩爱，你不觉得恶心吗？

祁同伟：哼，恶心的女人早就被这个圈子给淘汰了！梁老师，你是聪明的女人，你不明白这一点吗？

梁璐：对对对！你们这个圈子里，聪明的女人太多了，但是我就是搞不明白她们就为什么甘愿受这个屈辱呢？为什么不去死啊。

祁同伟：生存还是毁灭，这是一个特别大的命题。是吧，我告诉你啊，我是一个俗人，我现在要办我的俗事。你记住了，从现在开始，我跟你再没有任何关系，我谢谢你。

（资料来源：笔者依据相关资料整理）

在与梁璐的生活中，祁同伟与梁璐的沟通非常不顺畅，除了费心维持表面的相敬如宾，更多时候的交流是针尖对麦芒，而其中祁同伟总是将自己置于一个弱者的立场，一个被践踏尊严、被看不起，仍旧苦苦奋斗向上爬的弱者。贫寒的原生家庭往往会使人更加懂得努力奋斗，但是凡事都有两面性，过于介怀自己不够乐观的原生家庭会使我们在亲密沟通中自觉处于劣势，认为自己不如人、地位卑微，从而影响沟通质量。

三、家庭氛围

每个家庭里都有自己的相处模式，这些相处模式对我们产生深远的影响。有这样一句俗话：龙生龙，凤生凤，老鼠的儿子会打洞。谁家孩子像谁，这句话除了说相貌、脾气秉性像之外，我们会发现说话的语气、处事的方法等都很像。有些成年人也有这样的感受，他很讨厌父亲的某些做法，自己长大后偏偏和父亲一样。在互动模式上，我们不是模仿原生家庭中的行为，就是反其道而行之。

（一）父母中一方过于强势

1. 父亲强

父亲脾气暴躁，在家里经常有暴力行为，他有两个儿子，两个儿子的性格不同，会有不同的结果。如果一个孩子性格内向，胆小怕事，他会顺从父亲，因为只有这样才能减少被暴力。这样的孩子感情丰富，比较敏感，他能充分体会家有暴力父亲的那种痛苦感受，从心里可能就会有一个内在誓言：长大了我一定不能这样对待我的孩子。这样的人长大后可能性格比较懦弱，没有主见，胆小怕事，缺少男人的阳刚之气。如果另一个孩子性格比较外向，脾气倔犟，他内心里会认同父亲的行为，青春期和父亲对抗比较厉害，长大后也会用暴力解决事情，因为是父亲教会了他如何解决冲突。

案例 4-10

结婚困难症

王家宝已经 39 岁了，谈过 5 个男朋友，都是很好的男孩，但是无一能走到谈婚论嫁的地步。身边的朋友也很为她着急，她在工作上很努力也很出色，对待朋友也很仗义，但就是不停地错过与自己很合适的男生。终于，她敞开心扉向朋友们坦白了为什么每段感情都无疾而终。对于相处时间久了的男孩，她会开始挑剔，然后冷嘲热讽，知道对方因为这个不开心了，她会很耐心地花心思去哄他，但是终究又回到原点，她自己也很苦恼，知道自己这个毛病不好。但是她没有办法真正相信感情。究其原因是小时候目睹的和经历的家庭暴力对她造成了心理创伤。

“小时候爸爸和妈妈吵架，因为妈妈受了委屈，我很生爸爸的气。爸爸跟我说话，我板着脸进了屋，没有跟爸爸说话。爸爸脸一黑，过去跟妈妈说话，我也没听清说了什么。突然，爸爸扬起手来，啪的一掌重重落在妈妈脸上，妈妈嘴角开始流血。妈妈大喊‘你干什么！你为什么打我！你疯了吗！’他把对我的气撒在了毫无关系的妈妈身上。那天晚上，我和妈妈在河边哭，哭了3个小时，一直到夜里12点，爸爸单位的叔叔出来找我们，怕我们出事，在旁边守了我们一个小时。最后，我和妈妈还是没有回家，在宾馆住了几晚。第二天，妈妈耳朵开始响，去医院检查——左耳膜部分穿孔。住在医院一周，左耳听力恢复了大半，但毕竟有影响。”当每一段感情渐入佳境、快要开花结果时，她就会觉得成立家庭后会出现类似童年的家暴情况，即使男朋友们根本没有任何暴力倾向。

（资料来源：笔者依据相关资料整理）

父母的行为对孩子的成长存在潜移默化的影响，这种影响：

（1）可能让孩子出现对施暴方的暴力崇拜，成长为施暴方的形象；

（2）可能让孩子出现对受害方忍气吞声的处事方式产生认同，成长为受害方的形象；

（3）可能让孩子对暴力行为十分冷漠，不相信社会；

（4）造成其他心理创伤。

上文案例中是典型的家暴对孩子心理造成的创伤。王家宝在心理上为了避免家暴，就想避免婚姻，所以每段亲密关系都无疾而终。当然，除了这种心理上会产生的问题，家暴对于孩子今后亲密关系的影响还有：

（1）有暴力情节；

（2）蔑视权威，尤其对那种以为自己是父母所以孩子就要听我的的人极度反感；

（3）心态不开放，尤其是在人际关系上，不喜与人交际，甚至会害怕与异性接触；

（4）脾气暴躁，喜欢冷嘲热讽亲密关系中的人；

（5）自卑，很在乎别人对自己的看法。在暴力中受到的压抑和不被重视导致没办法正确评价自己，一直怀疑自己，否定自己。

父亲对女儿的影响：如果夫妻关系是和谐的，父亲是和蔼可亲的，女儿就会找像父亲一样的人作伴侣；相反，如果不喜欢父亲，就不会找和父亲一样的人。女孩希望找拥有父亲优点但排除父亲缺点的人作伴侣。这些影响都是意识层面的东西，主观上我们会是这样的，但有些时候，一个家庭对孩子的影响远比意识到的东西更多。

案例 4-11

奇怪的婚姻

一个女孩拥有这样一个父亲：抽烟、喝酒、暴力，经常打她的母亲和她，她从小恨透了父亲，心想，长大后我一定不会找父亲这样的人。后来长大了，到了谈婚论嫁的年龄，有人介绍对象，她先问：抽烟喝酒不？找到一个不抽烟喝酒的人，结婚了。奇怪的是，结婚2

年后，丈夫开始抽烟喝酒，开始打她。她非常气愤，后来离婚。经人介绍，又找了个，不抽烟不喝酒，结婚不久，丈夫也开始抽烟喝酒。这个女士非常痛苦，她无法解释这种现象，就说，我就是这样的命啊。

（资料来源：笔者依据相关资料整理）

这是命吗？不是，其实，是她在潜意识里已经认同了她父母的互动模式，人有一种神奇的力量，一个妻子能把老公培养成一个什么样的人，是会受到自己的影响的。这种现象，有的是受我们意识控制的，能意识到，有的是受我们的潜意识控制的，自己意识不到。

2. 母亲强

有的家庭母亲比较强势，母亲当家作主，说了算。一个强势的母亲往往会培养出一个懦弱的儿子和强悍的女儿。男孩是需要放养的，他要顶天立地，他要敢闯敢干，需要承担责任，这些宝贵的品质是需要机会锻炼的，他在不断自己做主、自己选择的过程中才能学会。

如果一个母亲比较强势，或者对儿子照顾过多、溺爱，儿子就会形成对母亲的依赖，没有主见，习惯被照顾。他将来找对象就容易找和母亲相似的，在婚姻中继续寻求照顾。有些男士喜欢找比自己大的，比如姐弟恋，还有个别的找和自己母亲年龄差不多的，这些人很多有恋母情结。因此，如果你想培养一个敢作敢当的男人，作为母亲要学会示弱，要对儿子说：父母老了，这个家就靠你了。要让孩子早参与家庭事务的管理，孩子自己的事情要让他自己决定，不要干涉太多。

一个女孩是需要跟自己的母亲学会作女人的，母亲强悍，女儿长大了也没有女人味，婚姻也会出现问题。因此，要想培养一个淑女，母亲就做给女儿看，什么是善良，什么是温柔，什么是体贴，什么是善解人意。

（二）父母双方矛盾无法调和

案例 4-12

父母不和的婚姻里孩子的心声

有一项调查：（1）如果你生长在父母长期不和睦的家庭，请回答：你从小到大的感受如何？你希望他们离婚，还是为了你不离婚？这样的家庭环境对今天的你有什么影响？（2）如果你的父母离婚了，请回答：你怨恨父母离婚吗？你觉得他们不离婚会对你更好吗？

部分回答如下：

我不知道你们好好学习的动力是为了得到夸奖还是爱学习，无论什么，很少有人像我一样吧——我好好学习考出去，就可以离开家住校了，就可以不用听父母吵架了。

从小就看着父母吵架打架，特别希望他们可以分开，去寻找各自的幸福。对我的影响就是：我很早就特别想逃离家庭，我不会解决情侣中的冲突矛盾；曾经怀疑自己是否有建立家庭的能力，而且害怕面对争吵，不知如何与人沟通，不能隐忍也不能爆发，很长时间不愿和人打交道。

我宁愿他们离婚，那样不仅他们解脱了，我也解脱了，因为他们总说是为了我才不离婚，让我很有负罪感。长大之后，我很坚决地赞成他们离婚，这时我才发现，他们不是为了我不离婚，而是他们自己恐惧离婚。我还自作多情地内疚了好多年。

高考后他们终于离了，我觉得家里氛围舒服多了。今年我26岁，上个月刚结婚，感觉不错。

（资料来源：笔者依据相关资料整理）

很多反对有孩子的夫妻离婚的人，认为单亲孩子可怜但同时又歧视他们。很少有人会去关注：为了孩子勉强维持婚姻的家庭，将带给孩子怎样的伤害。但其实，对孩子来讲，最好的家庭环境是父母双全，婚姻和谐；二等的家庭环境是父母离婚后和平共处，一起关心抚养孩子；三等的家庭环境就是勉强维持的婚姻，充满冷战、争吵；而最坏的是离婚后仍互相诋毁对方，反目成仇，拿孩子当攻击对方的工具。

但是自古以来，离婚就为中国人所抗拒。在男权社会时代，没有离婚这一说，有的只是妻子被休。而被休的妻子会被街坊邻里所不齿。现代以来，中国仍然缺乏文明先进的离婚文化。很多夫妻离婚后就成仇人，把孩子当私有财产霸占，不让对方探视，教唆孩子仇恨对方，使得离婚就意味着失去父亲或者母亲。现实中甚至还发生过丈夫雇佣陌生人到妻子的父母家抢孩子然后藏起来的恶性事件。不能好好地离婚，离婚后不能跟孩子好好地相处，所以只好在无爱的婚姻中沉沦。但事实上，如果父母能文明离婚，就可以把对子女的伤害降到最低，同时给子女一个正面的示范：不好的婚姻可以终结，痛苦也可以终结。

中国的男女关系，对家庭的认知，对离婚、再婚后关系的认知，都在改变，尽管变得缓慢。今天中国的离婚率飙升，由此年轻人更应建立新的离婚文化。

在亲密沟通过程中，恋人、夫妻、亲子甚至婆媳之间都会不同程度地受到原生家庭的影响，父母的生活状态、父母对待孩子的方式或者父母间相处的方式都会或多或少烙印在孩子身上，孩子的反应有正有负。

每个人的原生家庭都是存在差异的，但唯一不存在差异的就是每个人的原生家庭都是不完美的。原生家庭中那些美好的东西是值得我们学习并继承的，而处理那些令人痛苦的家庭生活也是成长的一部分。你的原生家庭决定你会变成什么样的人，但那并不是你不改变的借口。请记着，你将来也是你孩子的原生家庭。还有一点很重要，那就是我们的自我会通过与他人的交流互动而不断更新改变，每一段关系都是一所学校，我们可以在其中学习并练习新的沟通方式，演习不同的人生。

第三节 婆媳冲突往往是差异惹的祸

婆媳矛盾自古就有，只不过在传统社会，媳妇都是隐忍、承受的一方。中国传统家庭关系下的婆媳关系，婆婆作为年长者，具有绝对的主持家事的权威。婆婆和儿媳在我国早期典籍里分别称为“姑”和“妇”，“妇”者，从女持帚、洒扫也。由此可见，传统社会中婆媳关系定位中“婆尊媳卑”，婆婆在管理媳妇上具有至高无上的权力。传统家庭关系中纵向关系重于横向关系，母子关系重于夫妻关系。婆媳关系属于纵向家庭关系，在非常重视孝道的伦理环境下，孝道远远重于夫妻感情。封建时期的寡母守节很受敬重和赞誉，其拥有家庭的控制权，在家庭关系上也有着“御媳权”和“教子权”的双重权力。

现代社会里，人们的自主意识提高，经济能力提高，儿媳妇有了和婆婆对抗的基础，所以婆媳矛盾才会显得特别多发和激烈。任何一件小事都会引起看不惯，进而是嘲讽、指责、对呛，加深这种看不惯。虽然事情都不大，但次数一多，矛盾就越积越深。父母那辈人成长的环境和改革开放后出生的人的成长环境是截然不同的，加上社会导向的变化，由此导致的各种分歧也非常严重。

一、地域差异

随着经济社会发展、文化交融，不同地域间的交流越来越频繁深入，可能很多人都没有意识到亲密关系中的冲突与地域有很大关系，但其实地域的影响是存在的，不同地域的人对事情的看法、对日子的要求、甚至对吃食的喜好等，都是有差异的，有了差异就会有很多分歧。

调查显示，虽然恋爱之初有80.2%的媳妇获得了婆婆的支持，但婚后婆媳相处良好的仅有64.6%。

媳妇的收入、职业和学历会影响婆媳关系的质量。媳妇收入越高，和婆婆相处越好。75%的高管媳妇和婆婆相处融洽，为所有职业最高；没有工作的媳妇和婆婆关系相处最不融洽。媳妇学历高和婆婆关系也更为融洽。

（一）不同地域的生活习惯差异

案例 4-13

一顿饭的风波

李玥和丈夫吴伟同在政府部门工作，平时工作说忙也不太忙，但是也不轻松。好不容易盼来了周五，李玥正在筹划着与丈夫一同下班去外边吃点饭，看个电影放松放松。

这时，李玥的婆婆给丈夫打来了电话，说："今晚大家聚个会吧，你们的房子比较大，就去你家吧！让李玥早点下班去买菜。”吴伟想想，也是，最近大家庭见面的频率是不高，那就来家里吃饭吧。于是跟妻子说晚上的计划取消，下班两人先去买菜。

李玥心里很不高兴，比起大家的聚会，其实她更喜欢小家庭的怡然自得。但还是忍住了，既然丈夫已经答应了婆婆，那就等这件事结束之后再跟丈夫谈一谈吧！他们匆匆忙忙赶到市场开始买菜，买完菜出市场的时候，婆婆的电话来了：“李玥啊，你们姐夫的爸妈还有妹妹一家也来啊，多买点菜咯。”李玥什么都没说就挂了电话，和丈夫一起回了家。回家之后婆婆说：“回来得还挺快啊，哎呀，菜买得少了吧！我不是跟你说多买点菜了吗！”李玥黑着脸说：“够吃，我去做饭了。”

饭后，大家从饭桌转战客厅，一部分人开始看电视，一部分人开始搓麻将，整个家热闹非凡。李玥跟婆婆在厨房里洗碗。

婆婆问李玥：“你今天咋了，不高兴？”

李玥说：“没事儿。”

婆婆说：“你肯定有事！没事你给一大家人黑着脸干吗？人家看了怎么想！”

李玥终于爆发：“每次聚会，都来我家，有咱们自己家人就行了，姐夫他家里人为什么也总来，上次二哥还带了朋友来。我和吴伟上一周班也挺累了，还要应付熟和不熟的各种人。”

婆婆也很气愤：“一家人最重要的就是团结、相亲相爱，来家里吃饭怎么了？你姐夫父母来那也是给面子！谁家不是这样，今天来你家明天去他家，你又不是没去过亲戚家！再说你们这周不是不用加班吗？有什么累的。”

李玥很委屈：“我从小，家里人就是逢年过节才聚一聚，哪有每个月都见面的啊，每次都吃一堆，玩一晚，我很不习惯的啊！”

婆婆说：“你既然嫁过来了我们西南，就要跟着我们这边的风俗走。”

李玥说：“不管累不累以后都别来了，我们也不去了，对谁都好。”

婆婆摔门而出。

（资料来源：笔者依据相关资料整理）

上文案例中婆媳冲突的矛盾点在于家庭聚会，家庭要不要聚会、在哪里聚会、聚会的频率多高，不同的人有不同的看法。李玥生长在北方，北方人都是平时可以各忙各的，有事儿的时候都会挺身而出；而婆家在西南，西南的风俗就是大家庭亲亲密密和和美美，所以李玥婚后并不习惯现在的生活。说起来婆婆和李玥都没有错，“错”在地域风俗差异，所以，在亲密沟通中出现此类情况，婆媳双方一定要学会换位思考，理解体谅对方，并多多沟通，尽量达成共识。

（二）不同地域的性格差异

一方水土养一方人，中国各地的女人梅兰竹菊、各具芳姿。可能在工作中体现得并不明显，但是一旦从职业回到家中、回到自己的朋友圈，那些根深蒂固的本性和特色又会挥洒得淋漓尽致。

巧技能 16

处理婆媳关系 4 大禁忌

1. 禁搬救兵

媳妇作为晚辈，不要不晓得礼节对长辈得寸进尺，否则会让婆婆为你感到寒心，吵架的时候不懂得让步就大声嚷嚷引起重视是不对的，正所谓“家丑不可外扬”，与婆婆和平相处才好。

2. 禁闷闷不乐

就算你再怎么贤良淑德、再怎么知书达理，如果你一天到晚都黑着一张苦瓜脸面对婆婆，估计不出一个小时婆媳战争就开始了。要知道，爱笑的女性运气绝对不会太差。

3. 禁动口动手

婆媳吵架动口又动手，这样只会让矛盾升级，如果在媳妇的眼里那真是情非得已的小触碰，那么不妨事后及时和婆婆说声“对不起”，这样是最基本的礼貌，千万不能不知悔改。

4. 禁攻击弱点

不少婆婆都反映，她们最不喜欢那些平日里叽叽喳喳、吵起嘴像活蹦乱跳的虾兵蟹将、总爱挑三拣四的媳妇了。挑剔她做的饭菜不好吃，你可以自己做，不要去批评她，她也没有义务去给你洗碗、做饭。

二、原生家庭差异

案例 4-14

事业发展与生病的婆婆

作为新时代的高知女性，秦宓在公司的工作越来越得心应手。近期，与国外某知名企业的合作洽谈任务落在了秦宓肩上，这项工作充满挑战，但是大家都明白，等这个合作谈下来，秦宓的职业发展可以更进一步了。但是，天不遂人愿，就在洽谈工作的关键期，秦宓的婆婆患了半身不遂进了医院。秦宓的丈夫在国外进修，此时只有秦宓能够照顾老人，可是自己的工作处于关键期，秦宓无法放弃这来之不易的机会，让自己之前的努力付诸流水，于是请了一个护工照顾老人，并联系了丈夫的妹妹，告知她自己的工作情况，希望她能理解并且抽空来照看老人。

没曾想，有一天开晨会的时候，护工的电话来了，说老人无论如何都不让护工给她擦拭身体，也不好好吃饭。中午午休的时候秦宓赶到医院，婆婆向秦宓表达了自己的不满，认为秦宓理所应当放下工作来照顾自己，而不是请一个外人来。秦宓向婆婆解释是因为自己的工作问题，希望婆婆理解，等她忙过这一阵就会来照顾婆婆，而且丈夫的妹妹也会来照顾她。但是婆婆并不理解，还给秦宓的丈夫打电话，哭诉儿媳的“不孝”行为，说女儿嫁出去就是泼出去的水，是别人家的人了，怎么能让女儿天天来。秦宓作为儿媳，理所应当承担起照顾的责任，就不应该让她一味追求事业，女人要以家庭为重，要是这样，以后孩子都没人照看。她也不是没当过儿媳，她的婆婆就是这样要求她的，她也是这样做的，婚后的重心一定要是家庭，哪怕辞掉工作也要照顾好家庭和公婆，所以秦宓当然也应该这样做。秦宓的丈夫当然能明白妻子的难处，但是母亲这种情况让他也很为难。

婆婆在作为儿媳时就是一个恪守所谓的妇道、一心一意照顾家庭的人，而秦宓是家里的独子，而且父母也都拥有彼此的事业，爷爷奶奶身体健壮，不牵扯需要贴身照顾的情况。

（资料来源：笔者依据相关资料整理）

原生家庭的不同让上述案例中秦宓和婆婆的矛盾凸显，婆婆和儿媳对对方应该享受什么权利、尽到什么义务看法不一致。她们之间牵扯到很大利益，如是否馈赠婚房、婆婆是否带孩子、婆婆生病了儿媳要不要去医院伺候。婆婆认为无界限地住在一起、一切听从是义务，女人嫁人是嫁入一个大家庭，她天然就有侍奉公婆、服从公婆的义务。而在现代观念中，多数媳妇认为平时彼此各自独立，在需要的时候支持帮助（比如父母缺少经济来源，则给予经济资助；生病则给予照顾），时时关心按时问候，这样就是义务。女人嫁人就是嫁给那个男人，公婆只不过是他附带的社会关系，她更在意的是她和这个男人两个人的小天地，她着意努力经营的，也是这个小天地。这都不是小事，要么涉及大量金钱，要么耗费很多人力。这些权利与义务属于法律不管、道德上弹性巨大的区域，没有能够让双方服气的仲裁机制。

巧技能 17

处理婆媳关系 8 大法宝

1. 主动跟婆婆套近乎

日常生活时，要多与婆婆交流一些经验，比如说生完孩子后，皮肤差了很多，探讨哪些护肤产品比较好用、谁推荐的比较好、反正也不是很贵等话题。闲时，也可以和婆婆去逛逛街，在她试衣服时要主动地夸赞她穿上很好看，这样心理防备少些，自然相处起来会更加放得开，更加开心和谐。

2. 不在婆婆面前与老公发火

老公是婆婆的宝贝儿子，换位思考，你宝贝了三十年的儿子被老婆呼来喝去，你会怎么想？因此就算心里窝火，也不要当着婆婆的面表现出来，躲在屋里好好训斥即可。

3. 听婆婆讲过去的事

老人们都是以前的事记得越来越清楚，近来的事反而变得模糊，因此很喜欢念叨着过去怎么样，这是一种寻找存在感的表达方式，作为媳妇的你，可以适当地了解，作为增加彼此情感的机会，也可以从婆婆那儿学到一招半式，毕竟婆婆的年纪摆在那，经历过的肯定要比你多些。可以从中借鉴经验，也能让她从倾诉中找到满足感，自然婆媳关系变好就不成问题了。

4. 记住婆婆的生日

别忽视生日的重要性，婆婆生日的前两天就要找一家好的酒店或者是饭店，一家人出去好好地为婆婆庆生，也许节俭的婆婆会有些唠叨你太浪费钱、太麻烦什么的，但其实心里已不由地向着你、亲近你，在外与人聊天时也会夸赞你的好处。

5. 在婆婆面前不要过分亲热

老人毕竟是老人，她们有着传统的思想，这就像在外人面前一样，和老公过分亲热也是对别人的一种不尊重，你说，这是你的家，你愿意怎样就怎样，这是没错，但是家里住了老人，这方面还是应该注意的。

6. 多孝敬婆婆是应该的

要理解儿子对母亲的心情，要和他一起尊敬他的妈妈。你也有父母，如果你的老公和你父母顶嘴、漠视，你会高兴吗？所以多给婆婆点笑脸，多陪她聊聊天。你对他的妈妈好，他自然也会对你的妈妈好。

7. 不要拿婆婆和妈做比较

婆婆对自己的女儿、儿子比对媳妇好，那是天性，没有必要嫉妒。婆婆对别的妯娌好，媳妇也可以理解，因为人都有莫名其妙就看顺眼的人，这很正常。婆婆对老公的兄弟好，那更可以理解，那是你老公的问题不关你的事。不要拿婆婆和妈做比较，女儿是自己的妈妈身上掉下的肉，能没有感情吗？婆婆是老公的妈妈，因为老公的关系大家刚认识没多久，就算是媳妇的妈妈，那也是“后妈”，碰到好的“后妈”的比例实在太低，不要奢望。

8. 教育孩子各让一步

对孩子来说，家庭的和谐与知识的摄取是最重要的。一个和谐的家庭，是培养孩子情商的最佳土壤，整天吵吵闹闹肯定会影响孩子的心理健康。如果老人溺爱孩子过度，就要让老公出面与两老好好谈谈，说出事情的严重性，必要时也要找些教育失败的案例，如“大学生要钱买房不成捅杀父母”，让他们明白后果的严重性，在原则上是不能让步的，要懂得适可而止。

三、心理预期差异

案例 4-15

小琴的苦恼

小琴最近很烦恼，因为在孩子出生后，她与婆婆的矛盾又升级了。她正在跟闺蜜诉苦：我怀孕时在郊区上班，我老公每周五开车来接我，路上接到了婆婆电话，问我们在干什么，要不要去吃饭，老公说刚接到我，直接回自己家，不去吃饭了。当时婆婆在电话里就说：“我大儿子又给他媳妇做饭去了，儿子们怎么对媳妇都那么好！”

“而实际情况是怀孕前几个月我吃不下东西，对味精很敏感，吃不了饭店里的饭。老公又不在身边，周一到周五我只能自己戴着口罩炒菜。”

“其实，在跟婆婆的接触中我发现，我婆婆觉得她这辈子最大的成就就是生了两个很棒的儿子。但除了她的儿子们，别人什么都不是！”

闺蜜问道：“你婆婆和公公关系怎样？”

“他们完全就不是一个世界的，吵吵闹闹，凑合牵强过完了这一辈子。”

说完这句话，小琴仿佛忽然醒悟：往往这样的婆婆是在公公那里得不到关怀，所以把全部精力都放在两个儿子身上。孩子就是她的全部，认同自己的孩子就是认同她自己。

她们因为自己的婚姻不幸福，在丈夫那里得不到关注，也控制不住对方，所以就把所有注意力都放在孩子身上。孩子小的时候妈妈是他们的全部，那时候从丈夫身上得不到的满足她们可以从孩子身上得到。孩子就成了丈夫的替代，成了自己精神上的“丈夫”。如果这样的母亲没有其他的兴趣爱好，那么欣赏自己的孩子、管住自己的孩子就成了她生命的全部。因为她们只有从唯一受她们控制的孩子身上才能感受自己的存在，感受自己的价值。

（资料来源：笔者依据相关资料整理）

随着孩子长大，除了继续做母亲的孩子外，他们还要做别人的丈夫、另一个小生命的爸爸。但是母亲接受不了这样的现实，作为婆婆，儿子是她的希望和后半生的依靠，她们会觉得儿媳妇“抢”走了自己的依靠，所以才会百般对儿子关心、对儿媳妇的举动感到不满，甚至有“吃醋”的感觉。作为媳妇，丈夫是他的挚爱和终生生活在一起的人。很多婆婆希望儿子将母子亲情优先于夫妻关系，而媳妇自然认为相伴一生的丈夫应该事事以现在的小家庭为重。婆媳心理预期的不同加上同为女人的敏感及其带来的妒忌心理、占有心理，容易使双方在情感上水火不容。

婆媳矛盾很复杂。既有新旧价值观的冲撞，也有对儿子 / 丈夫主导权的争夺。既有权力斗争，又有路线斗争。而且最为难的就是，其中还夹杂着父母、子女之间的伦理道德及家庭成员之间的情感纠结，所以还不能用普通的社会是非标准来判断，所谓清官难断家务事。我们能做的就是正确看待婆媳差异，谨慎处理婆媳关系。

巧技能 18

优秀的丈夫才是婆媳冲突的良药

在婆媳关系中，丈夫起着十分重要的中介作用。丈夫的这种中介作用如果发挥得好，可以加强婆媳之间的情感联系；反之，则容易成为矛盾的焦点，出现“两面受敌”的困境。

1. 匀和。男人在对待老婆和老妈时不要厚此薄彼，别给老妈留下“娶了媳妇忘了娘”的印象，也别给老婆留下“只要亲情，不要爱情”的口舌。具体地说，三八节给老婆买礼物，别忘了给老妈也买一份；母亲节给老妈买礼物，别忘了给老婆也买一份，因为老妈是你的母亲，老婆则是你孩子的母亲；既要记得给老婆过生日，也不要忘了给老妈过生日；出差回来，给老婆带礼物，也要给老妈带礼物，不然你就谁都别带；即使说甜言蜜语，如果当着俩人的面，也要有技能地都夸才行。

2. 调和。男人要善于调和老婆与老妈的关系。如果不小心老婆和老妈闹了矛盾，而俩人又都抹不开面子来道歉，那就需要男人从中调和一下了。女人比较感性，既需要语言上的安慰，也需要一点小小的物质诱惑。具体来说，可以买一点老妈喜欢的礼物，先给老妈送去，然后告诉老妈，这是儿媳妇特意给她买来孝敬她的，然后说上几句安慰的话，再来上几句不痛不痒的批评老婆的话；然后再买点老婆喜欢的礼物，去送给老婆，告诉她是老妈买给她的，告诉她老人家年纪大了，能有个台阶下就赶紧见好就收吧，老妈包了饺子等她回家吃饭呢。这样老妈和老婆的矛盾基本就可以化干戈为玉帛了。

3. 搅和。有一句广告词想必大家都很熟，“老妈说中药好，老婆说西药好，男人只能说中西医结合好”。如果是当着老妈和老婆的面，两个人都要疼你，都要照顾你，你只接受一个，就会冷落另一个，导致她们两人产生矛盾，没办法，只能搅和，采取一个折中、两不得罪的办法。就拿包水饺来举个例子吧，老妈知道你从小喜欢吃肉馅的，找老婆的时候为了讨老婆喜欢和配合老婆保持体型，你告诉她说你喜欢吃白菜素馅的，如果两个人凑到一起包水饺怎么办？如果你包白菜素馅的，老妈肯定会说“娶了老婆就忘了娘”，如果包肉馅的，老婆肯定会不高兴，因为她要减肥。这种时候就要发挥你忽悠的本事，告诉老妈，多吃蔬菜对身体好，告诉老婆，只吃蔬菜不吃肉会造成营养不良，最后把两边都说服，剁上肉馅包白菜肉的。

4. 掺和。这里的掺和指的是男人要勇于把老妈和老婆的矛盾转移到自己身上，主动当起两人的出气筒。举个很简单的例子来说，如果你家里是老婆在做饭，喜欢做的口味比较轻，而你喜欢吃的口味比较重，这时候老妈因为心疼儿子，是一定会冲着儿媳妇发火的。这时候男人可不能袖手旁观，主动说上一句，老妈您不知道，我最近上火不敢吃太咸，是我让她做得口味轻一点，妈要不我再去给您炒个菜去，这种时候我想老妈一定会一笑了事，老婆也会非常感激你。下次再做饭的时候她也一定会记住你的口味轻重了，反过来也是一样。如果是老婆挑老妈的理，也不要不分青红皂白上去冲着老婆就是一顿训，弄得老婆跟个外人似的，有一种想跑出去的冲动，也应该说一句咱妈是按着我的口味做的，你要吃不惯我再给你炒个菜去。具体的事情需要具体分析，掺和的关键是把老妈和老婆想要发的火都巧妙地引到自己的身上，别让她们发给对方就可以了。

5. 劝和。和老婆单独在一起时经常在老婆耳边吹吹风，告诉她老妈是如何疼你，又如何想疼儿媳妇，如何怕儿媳妇在这个家里会受苦，告诉老婆希望让她和你一起孝敬老妈；和老妈单独在一起时经常在老妈面前吹吹风，说儿媳妇是如何贤惠，说儿媳妇经常主动说要孝敬老妈，说儿媳妇就怕做得不好了婆婆不高兴。总之要让她们彼此的心目中都觉得她们是关心对方的。

虽然每一个家庭可能出现的情况不同，但基本大同小异。只要男人肯在老妈和老婆之间把纽带做好，婆媳关系是一定可以处理好的。反之，如果男人放手不管，再懂事的老妈和老婆，早晚也会打起来。因为女人做事非常感性，因为一句话甚至一个眼神都会发生争执，母女俩在一起时间长了都能掐起来，更别说是婆婆和儿媳妇了。

5

chapter

第五章

角色明确，换位思考

亲密关系中存在沟通，也需要沟通，而沟通并非一个人的独白，沟通是双向、交互的人际互动。并且即使是亲密关系，沟通中的双方在性别、年龄、立场、背景等诸多方面存在着或大或小的差异。如果这些差异理解不当、宽容不够，往往让双方产生误解，妨碍亲密沟通，甚至造成亲密关系紧张，最终达不到沟通的目的，也导致关系不和谐。那么如何处理好这些差异，在沟通中做一个能够换位思考的“巧”的沟通者，成为我们需要考虑的问题。

第一节 沟通过程中的角色认知

在亲密沟通过程中，对于参与的人而言，要使自己能在沟通过程中发挥应有的作用，首先必须认识自己，明确自己在沟通过程中的作用，也就是角色认知。想充分扮演好自己在沟通中的角色，首先要认识自己的角色、功能和作用，这样才能扮演好角色，否则角色扮演就很容易出现偏差，影响沟通的效果。可以说，角色认知能力在沟通的实现方面起到基础性的作用。在充分进行角色认知的基础上，落实好相应的角色扮演，才能实现有效、良好的沟通。

一、婚姻中丈夫和妻子的角色和责任

根据远古传说，婚姻是神亲自设立的，神非常看重婚姻，而婚姻关系的基石和核心是丈夫和妻子，因此要构建合神心意的婚姻和

家庭，首先要认识丈夫和妻子在婚姻关系中各自的角色和责任，这种角色和责任不能乱位、不能错位，否则就会出问题。在今天这个婚姻和家庭内部危机四伏的时代，我们回归本源来理解婚姻、建立婚姻、造就婚姻，或许能为婚姻的美满提供启发。

案例 5-1

亚当和夏娃

“耶和华说：‘那人独居不好，我要为他造一个配偶帮助他。’耶和华把用土造成的野地各样走兽和空中各样飞鸟都带到那人面前，看他叫什么。那人怎样叫各样的活物，那就是它的名字。那人便给一切牲畜和空中飞鸟、野地走兽都起了名，只是那人没有遇见配偶帮助他。耶和华使他沉睡，他就睡了；于是取下他的一条肋骨，又把肉合起来。耶和华就用那人身上所取的肋骨造成一个女人，领她到那人跟前。那人说：‘这是我骨中的骨，肉中的肉，可以称她为女人，因为她是从男人身上取出来的。’因此，人要离开父母与妻子联合，二人成为一体。当时夫妻二人赤身露体并不羞耻。”

（资料来源：笔者依据相关资料整理）

案例中，“那人”就是亚当，与他结合的女人则是夏娃。出于本能或上帝指示的结果，亚当意识到她是其自身的一部分，从今以后，他要像爱自己的身体一样爱她，因为爱她就等于爱自己。

这之后，上帝所制定的“一夫一妻制”婚姻模式便为世间所用。

夫妻二人“合二为一”，夫妻的联合被准确地表达了出来。这种联合的存在就像他们身体的联合一样，乃是一种利害相通、情感交互的关系。所以，无论男女，成人后都要寻求自己的另一半，构建自己的婚姻和家庭。

（一）丈夫在婚姻中的角色和责任

案例 5-2

丈夫究竟如何当？

一天，张小姐和丈夫闲聊，话题有关如何为人夫、为人妻。他们的其中一部分对话如下。

张小姐：你认为合格的丈夫是什么样的？

丈夫：所谓的“男主外、女主内”，合格的丈夫就是在外工作、赚钱、养家。做到这一点，为人夫就算是合格的吧。

张小姐：我认为这还不够，俗话说“会做家务的男人是好男人”，其实男人无论再忙，也应该承担一些家务，比如洗碗、洗衣服、倒垃圾等。

丈夫：为什么这样说呢？

张小姐：作为男性，其实有义务帮助女性来完成一些家务和其他临时任务。这不仅是一个合格丈夫应该做的，也能为夫妻带来很多好处。这样的过程，一方面两人合作做点事情，可以增进感情；

另一方面，了解另一半的工作，可以增加许多可沟通的话题。你觉得呢？

丈夫：嗯，你说的有道理，能不能告诉我一些具体做法。

张小姐：好，我给你一些建议。如：你看到一堆油腻的脏碗，你把它洗了，你会很有成就感；再如：时不时露一两手，煮几个菜。这些平时生活的举手之劳，会让女方感到温暖和贴心，也会让家庭更和睦。

丈夫：我认同你的说法，之后我会按你的建议做些事。爱你，宝贝。

（资料来源：笔者根据相关资料整理）

上下五千年，男尊女卑，“男主外、女主内”是最基本的原始传统，这种传统导致思维的固定。不少男性认为自己在外工作、赚钱、养家，就完成了任务。实际上，这还不够。具体而言，丈夫的责任主要如下。

第一，作为丈夫，首要责任就是坚持夫与妻平等的原则。丈夫和妻子本就一体，彼此依赖、互相依存、同等重要。丈夫和妻子要彼此顺服，互为补充，互相帮助，互相扶持。双方要为共同缔造完美婚姻坚持不懈地发挥各自的作用，负起各自的责任，对全家的福祉负责。

第二，作为丈夫，最主要的责任是要爱自己的妻子。然而，大多数丈夫知道自己有这个责任，但其中只有一部分知道具体怎么做，也能做好；还有相当一部分，不知道怎么做，当然也做不好。

（二）妻子在婚姻中的角色和责任

上帝创造两性不是为了制造矛盾和冲突，而是为了配搭互补和互相平衡。但男女毕竟有别，男人重理性，女人重感性；男人喜欢冒险，女人喜欢安宁。一般来说，女人的记忆力比男人要强，所以吵架时很会翻旧账；女性的心思比较细腻，细腻到总是超过男人的想象。

案例 5-3

何姐“争强好胜”的习惯

何姐搬来小区才一个月，小区里的人就对她的“大名”如雷贯耳了。上次物业来检查煤气管道，挨家挨户地巡查是否有安全隐患。可何姐偏偏不配合，堵在门口不让物业进门，还嚷嚷着没有收到通知，让物业不要打扰她。物业又多说了几句，这时候何姐脾气来了，一手指着服务人员的鼻子，一手插着腰大声骂：“我凭什么配合你们啊，又没通知我，我告诉你，你们这是扰民，今天必须得给我道歉。”双方纠缠了好长一段时间，后来物业那边只好无奈道歉，走的时候还对旁边的居民叫苦：“怎么会遇上这种母夜叉，哪个男人敢要这种女人？”还真说对了。

其实何姐的老公已经好几天没回家了，两人的关系眼看已经走到了悬崖边缘，岌岌可危。何姐性子要强，凡事都想争个输赢对错，拼个你死我活，和丈夫相处的时候也丝毫不相让。有时候老公加班回来晚了，她也不做饭，还唠唠叨叨指责他回来得晚，各种谩骂发脾气，有时候她老公实在受不了她这样，刚想还嘴，她就又哭又闹，像个泼妇一样冲着他喊："就是你的错，还敢还嘴？这日子没法过了，天杀的赶紧离婚去。"她老公受不了这样长期的争论，近期都很少回家。有时候看着何姐一个人在家里，百无聊赖又找不到说话的人，到了晚上她就站在阳台，呆呆看着楼下的车水马龙，真让人心疼。

（资料来源：笔者依据相关资料整理）

在我们的周围，有幸福的家庭，也有不幸的家庭。之所以幸福，是因为懂得家不是讲道理的地方；而不幸，是因为把家当成了讲道理的地方。其实幸福婚姻最忌讳的是据理力争、得理不饶人。尤其是夫妻之间，没有必要非得分出个厚此薄彼、高低输赢。何姐犯的正是这样的错误，导致她的丈夫在家感受不到温暖，自然选择逃避。在婚姻关系里占据上风，只会把彼此的心越推越远，让人疲惫不堪，倦怠生厌，反而会促使婚姻提早步入"危险期"。

案例 5-4

好老公总是别人家的

闺蜜淳淳结婚两年，别人都羡慕她有个好老公，家里有房有车，不抽烟不喝酒，就偶尔喜欢打打高尔夫球。但淳淳却不这样认为，她说："他不爱干净，也不浪漫，怎么都比不上别人家的男人。"在淳淳眼里，她更欣赏朋友小静的男人：嘴甜、会讨女人喜欢、浪漫多情。也许在她眼里，甜言蜜语的男人更加有情调，但能不能把日子过好，只有当事人知道。

而小静却向朋友哭诉自己命不好，摊上一个喜欢招蜂引蝶的男人。原因是她老公天天在女人群里玩得不亦乐乎，几乎都不进家。她说自己真羡慕淳淳的婚姻，都是女人，淳淳却嫁了个好男人，现在生活也过得舒适，更不用提心吊胆，想着怎么把人的心收回来。

你看，谁的婚姻是真正幸福的？各有各的不满，各有各的难处，揭开事实真相，生活的鸡毛一地乱飞。作家李爱玲说：“我们都是带着美颜滤镜看别人，然后又掏出放大镜看自己身边这个。”你觉得别人家的老公好，是因为你没有和他生活在一起，看他打嗝抠脚放屁的模样，你们各自处于隔离的状态，然后雾里看花，看到的都是优点。

（资料来源：笔者依据相关资料整理）

卡耐基在《人性的弱点》中说：“生活中的许多烦恼都源于我们盲目和别人攀比，而忘了享受自己的生活。”对比别人配偶，挑剔自己爱人。结了婚的女人，有的变成了居家主妇，慢慢熬成了黄脸婆；有的被老公捧在手心里，掌管家中财政大权；但无论是前者还是后者，不少在生活中都会不时地拿自己的伴侣和别人对比。其实婚姻里，家家都有本难念的经，谁好谁坏，都不必羡慕比较。毕竟热闹是别人的，生活才是自己的。倘若真的起到一手烂牌，努力打好，才是最终目的。

案例 5-5

小宋与丈夫的“半糖主义”

年轻时小宋是那种风风火火、说一不二的大女人，而小宋的丈夫又是那种好说话的老实男人，两人在一起时，小宋把丈夫管得老老实实，丈夫平日里连下楼买瓶水都要和她通报一声。小宋的奶奶深知小宋的脾气，在小宋嫁人的那天，奶奶就拉着她的手苦口婆心地说：“当夫妻啊，不容易，两个人相处，不要总想着霸占对方，都给对方留点空间，日子才能越过越圆满啊。”好在小宋虽然任性，这些年也终是把奶奶的话放在了心里。再加上有了孩子之后，精力也被分散了不少，偶尔知道丈夫瞒着她出去喝酒了，也是睁一只眼闭一只眼，点到为止。我们经常打趣她：“结了婚改了个性子”，她也不在意地笑笑：“他是个大活人，我也不能把他绑在我身边吧？再说了，操心他那么多年，我也该清静清静，好好歇歇。”

至此，丈夫有了自己的空间，反而和小宋的感情更好了，每次出门回来，还不忘从楼下给她带些小零食和水果，两个人偶尔斗嘴打闹，日子过得平淡而幸福。

（资料来源：笔者依据相关资料整理）

现实生活中，多少男女结了婚，就把对方当成“私有物品”，打着“爱”的名义肆意占有，却丝毫不懂得给对方一个“空间”，逐渐造成夫妻感情降到冰点。夫妻相处时，懂得给对方一个空间，不仅能让婚姻更长久，还免去了自己的猜忌怀疑和焦头烂额。更重要的是，在那一份放手中，凝结着你们之间的信任感。

巧技能 19

婚姻中妻子的忌讳

1. 嘲笑丈夫的想法。这会让他觉得受到羞辱，不被尊重。这样，他以后就不愿意与你分享他的感受了。很多妻子抱怨自己丈夫一回到家就不声不响，钻进书房或看报纸、电视，眼里好像没有妻子。这时，妻子应该自己反省，你是否接纳他的想法？你是否尊重他的感受？是否以前他说自己的想法想和你沟通时，你一下子回绝了他或嘲笑他，使他宁愿憋在心里也不想和你说？还有，当他在家里得不到妻子的尊重，凡事不能好好沟通的时候，一旦外面遇到能说得来的异性，他就容易有外遇，觉得遇到了知己，这就很危险。

2. 翻旧账。女人比较喜欢翻旧账，当一个小小的争执出现时，恨不得把八年前的旧账都翻出来，用来攻击丈夫，所以，丈夫一直被你捆绑，一直不得释放。

3. 不尊重丈夫。女人通常用自己的方法心意去要求丈夫，用自己的意念禁锢丈夫，当丈夫不能够满足我们需要的时候，我们就看不起他。

请各位妻子谨记：男人们非常喜欢、非常需要有种被仰慕的感觉，这种仰慕是男人力量的来源。当我们愿意告诉自己的丈夫“我以你为荣，我以你为傲”时，丈夫的腰就挺起来了，他就有那种做男人的尊严的感觉，他就更加愿意承担一个做丈夫、做男人、做父亲的责任，作为家庭里领导的职责。

二、亲子关系中父母的角色和责任

案例 5-6

离婚家庭的父亲缺失

王莹，一名大三女生。父母在她小学二年级时离婚。离婚前，妈妈是家庭主妇，爸爸在公司做保安，经济条件一般。妈妈个性柔弱，离婚后经济压力很大，妈妈一直跟王莹唠叨，要她好好学习，以后就要靠她了。王莹在学校很要强，积极参加学校的各类比赛，但实际成绩还是比较差，老师认为她并没有这个实力。跟异性的相处中，王莹也存在很大的问题。王莹说班级大多数男生都很喜欢她，想要追求她，因为她异性缘好，导致女生都嫉妒她。班主任反映，王莹经常跟异性网友出去玩，滥交男朋友。

（资料来源：笔者依据相关资料整理）

案例中，王莹父母在她读小学二年级时就离婚，使得她从青春期开始就缺少和父亲的亲密交往，成年后她对异性的渴望特别强烈。可以说，王莹在大学里滥交男朋友与成长中父亲的缺失不无关系。

要格外强调的是：在家庭教育中，特别在孩子成长的早期阶段，父亲和母亲扮演着不同的角色，二者缺一不可。美国哲学家艾瑞克·弗洛姆在《爱的艺术》中说："'母亲代表大自然、大地与海洋，是我们的故乡’，而‘父亲则代表人类生存的另一个极端：思想的世界，法律、秩序和纪律等事物的世界’。”家庭教育中应该有父教、母教的双轨并进。健康且健全的孩子，不仅应享有母亲的温暖、平和、细腻与慈爱，拥有更多安全感，也应能浸润于父亲的勇敢与阳刚、严格与宽厚，拥有更多价值感，从而确定开阔高远的人生方向和目标。

（一）父亲在家庭教育中的角色和责任

案例 5-7

孩子对父亲的“不满”与“期待”

（1）孩子对父亲的“不满”：在一项“孩子有了心理问题最先告诉谁”的调查中，有58%的学生选择告诉好朋友，有18%的学生选择告诉母亲，只有4%的学生选择告诉父亲。在一项“谁经常参加你的家长会”的调查中，有64%的学生选择母亲参加，而选择父亲参加的只有30%。父亲不能参加学生家长会的典型理由是“太忙，有孩子妈妈就行了，不能两人都管”。在另一项“对爸爸最不满意的地方”的调查中，有41%的学生选择“吸烟、喝酒”，有21%的学生选择“脾气不好”，有14%的学生选择“回家太晚”。上海市科学育儿基地曾对上海市儿童的行为问题进行调查，发现学前儿童不良行为（如攻击性、霸道、退缩等）的发生与父亲的养育方式有着非常显著的关系。拒绝型的父亲（包括打骂的积极拒绝型和不理不睬的消极拒绝型）最容易引起学前儿童不良行为的发生。

（2）孩子对父亲的“期待”：据世界卫生组织公布的一项最新研究成果表明，平均每天与父亲共处两个小时以上的孩子，要比其他孩子的智商高，男孩儿更像小男子汉，女孩儿长大后更懂得与异性交往；美国一项最新的研究成果表明：由男人带大的孩子，智商更高些，他们在学校会取得更好的成绩，在社会上更容易成功。

（资料来源：笔者依据相关资料整理）

根据（1）中的调查研究结果可以看出，相当多的父亲和子女在心理上有较大距离，父亲还没有成为孩子最值得依赖的朋友，父亲不积极主动参加家长会，使得他们在对孩子进行教育时缺乏针对性和实效性，一些父亲身上存在的这样或那样的问题已经对孩子产生了不同程度的不良影响。正如一些孩子所说：“父亲能吸烟，为什么我就不能吸？”可见，父亲以身作则的重要性。（2）中的研究结果显示，父亲在孩子成长、成才中有不可替代的作用。

如上所说，父亲在孩子成长中有不可替代的作用，很多父亲也知道这个重要性，但问题在于缺少育儿知识，不知道应该如何教育孩子。

1. 尊重孩子的意愿与选择

案例 5-8

让·多塞的学医之路

诺贝尔生理学和医学奖获得者法国免疫学家让·多塞的父亲是一个优秀医生，他希望儿子长大后能继承自己的事业。为了让儿子喜爱医学，他带着儿子跟着医学院的学生们观摩手术，但当让·多塞看到血淋淋的手术场面时，竟然晕倒了。父亲十分生气，打了儿子几个耳光，这反而使让·多塞的抵触情绪更强烈了。后来，父亲让自己的助手带着让·多塞到卢瓦尔河漂流，并利用这个机会，向让·多塞介绍了很多有趣的医学知识，还讲了许多当医生的为病人解除痛苦时所体验到的成就感与快乐，这使让·多塞逐渐对医学产生了兴趣，并最终做出了学医的选择。

（资料来源：笔者依据相关资料整理）

现实生活中，有不少家长都爱把自己的意愿和选择强加于子女，这种做法往往给孩子造成了伤害。兴趣是成功的第一位老师，成功最重要因素是孩子的内在兴趣。让·多塞的故事告诉所有的父亲一定要尊重孩子的意愿和选择，即使想为孩子选择前途，也必须先从培养他的兴趣入手。

2. 成为孩子的好伙伴

“爸爸牵着女儿的手，折下一根柳枝，轻轻剥掉皮，做成一支小小的柳笛，然后吹一曲悠扬的儿歌……”这是我们在春天经常可以看到的一幕，在轻松愉快的环境里，父亲不再是严厉的家长，而变成女儿快乐的玩伴。从 2 岁开始，孩子就需要同龄玩伴，通过与自己年龄相仿或略大的孩子及大人玩耍，孩子可以从中学会妥协、同情和合作，还会发展出一些新的技能、兴趣、责任心。

3. 赞美是良好的润滑剂

案例 5-9

父亲的一句赞美胜过母亲 100 句

20 岁的林雪找到咨询师，因为大学里有两个男生同时向她表达了爱慕之心，最终却被她以“对方不是真的喜欢自己”为由拒绝了。其中有一个还是自己很喜欢的男孩子。她不停地说，自己长得不好看，对方凭什么爱自己？她一方面担心一旦答应对方，会被对方伤害；另一方面她又担心这样的想法会影响她未来的恋爱及婚姻。

事实上，她五官清秀，谈吐得体，穿着淡雅，是个很容易博得异性喜欢的女孩子。可她为什么总觉得自己“不好看”？经过聊天，咨询师发现她是个内向、敏感且缺乏自信的女孩子，甚至有点强迫倾向。比如，她穿了件新衣服，会不由自主地观察班里男同学的反应，心里既希望被注意，又害怕被注意。她知道这样不好，但又控制不住地这样去想去做。她有过两段恋爱经历。初中时，也许是青春期情窦初开，林雪开始有意无意地寻求异性的关注，初二时，开始和一个男生交往，初三时男生提出分手。高二时，她和另一个男生开始一段恋爱，但悲剧再次上演，高三时男生以“学业为重”为由，提出分手。

这两次恋爱对林雪原本就脆弱的自信心无异于是严重打击。她将之归于“自己不够漂亮”，因为从记事起，她似乎从来没有被异性夸奖“漂亮”的经历，所以即使有人以“好看”来称赞她，她也认为这只是别人的溢美之词。

而当咨询师用家庭原生图带领她梳理自己的成长经历时，才发现，问题的症结在她父亲那里——在她的童年经历里，作为异性的父亲从来没有对她表示过肯定、赞美和认同。她从不相信“女儿是爸爸前世情人”的说法，虽然自己是独生女，但爸爸总是那么严肃，对她似乎只有不满，只有挑剔，怎么会夸奖她长得好看呢？她回忆起一件事，小学四年级，她对漂亮有了朦胧的向往，偷偷学女同学的样子，用小发夹将刘海卷成弯弯的形状，不巧被爸爸看到，不仅被训斥了一通，还责令她不要把心思花到“歪门邪道”上去。

（资料来源：笔者依据相关资料整理）

美国著名的心理学家杰丝·雷尔指出：“称赞对温暖人类的灵魂而言，就像阳光一样。没有它，我们就无法开花生长。”优秀的孩子是夸出来的。“宝贝，你真棒！”“儿子，你真行！”……适时恰当的夸奖会使孩子受到鼓舞，提高自信心，有利于意志的锻炼，使孩子健康成长。

4. 挤时间多和孩子在一起

父亲们总说不是不想和孩子在一起，只是太忙，抽不出时间。孩子们对父亲的忙能够理解，但在孩子们心里，特别喜欢多和父亲在一起。

父亲们强调自己不能经常和孩子在一起的典型理由有三个：一是工作太忙；二是经常性出差，不可能和孩子在一起；三是做生意的父亲强调只要挣到钱就行了，没钱谈对孩子的教育是一句空话。

到底父亲们能不能挤出时间和孩子们在一起呢？大量调查显示，完全可以做得到，只是父亲们想不想去做。

5. 主动和母亲配合，共同教育好孩子

要做到相互配合，作为父亲要主动做好这样几件事。

（1）在对孩子的培养目标上要尽可能一致。不同的教育目标常常会使孩子无所适从。

（2）在对孩子的教育方法上，要尽可能扬长避短、互相帮助。

（3）不要同时教育孩子。一方教育孩子的时候，另一方最好回避。因为双方共同教育孩子，极易产生矛盾，孩子也容易钻空子，影响对孩子的教育效果。

（4）父亲要维护母亲的威信，不要当着孩子的面指出母亲的问题，使得母亲下不了台。

（二）母亲在家庭教育中的角色和责任

家庭是人生的第一所学校，也是人生永远的学校；而母亲是人生的第一任教师，也是人生永远的教师。

案例 5–10

爱因斯坦从“笨瓜”到“科学巨人”

爱因斯坦就是一位从“笨瓜”到“科学巨人”的典型人物。爱因斯坦幼年时是出了名的“弱者儿”，3 岁还不会说话。读书时给予爱因斯坦这颗“心”的人，显然不是学校教师，而是他的母亲。从小这位“笨瓜”的父母就没有放弃过他，妈妈宝丽妮不以儿子笨为耻，总想方设法发现孩子身上常人所看不到的东西，父母俩一有空就带“小笨瓜”去郊游，开发他的心灵，父亲经常送他小礼物。他8岁生日时，父亲给了他一个罗盘，“小笨瓜”出人意料地从罗盘及指针中间提出了二三十个问题，就是这个小小罗盘在他心里埋上了日后发芽成才的科学种子。可以说，是父母造就了一代伟人。

（资料来源：笔者依据相关资料整理）

案例 5-11

胡适之母冯顺弟

冯顺弟尽管农村出身，不会识文断字，但对唯一的儿子胡适悉心教育，一心想把孩子培养成一个乡贤，因此花很多心思让胡适读书。

胡适3岁前，母亲即让他认方块字。母亲望其读书心切，为了让儿子能读多点书，不惜金钱多少。这一切胡适都看在眼里，他身上留有卑贱低微的母亲品格的烙印。胡适后来也坦承，他日后好脾气的养成，和他这段日子的冷眼旁观很有关系。

少年的乡村生活，对他的一生产生了巨大深刻、无以替代的影响。胡适13岁时，冯顺弟毅然将他送往上海求学。深明事理的母亲送儿子上路时没有在儿子和众人面前掉一滴泪。之后在美留学七年间，胡适与母亲只能保持书信来往。他母亲在病重时也不让人告诉儿子，以免他中断学业。

后来，胡适在《先母行述》中写道："生未能养，病未能侍，毕世勤劳未能丝毫分任，生死永诀乃亦未能一面。平生惨痛，何以如此！"

胡适最终成为中国白话文的倡导者、新文化运动的开拓者，并荣获三十五项美国博士桂冠。

（资料来源：笔者依据相关资料整理）

每个人的生命直接来源于母亲，母亲的素质直接关系子女素质之高低、品行之优劣、事业之成败。从十月怀胎到婴儿的哺乳，从牙牙学语到蹒跚学步，一个人身体素质如何，取决于母亲的精心照顾；一个人智力的高低，取决于母亲的启蒙教育；一个人品德的好坏，取决于母亲的教诲；一个人的为人处世，更取决于母亲的言传身教。除案例中的故事外，"孟母三迁""岳母刺字"等故事耳熟能详，均说明母亲在孩子成长中的重要性。

具体而言，母亲可以从这几方面来教育孩子。

1. 教育孩子养成良好品德

不少父母认为孩子"树大自然直"，但是须知"三岁看到老""小时偷针，大时偷金"。品德是从小形成的，父母要注意从小培养孩子良好的品德。

2. 培养孩子的爱心、同情心

妈妈要以满腔的爱心爱孩子，还要教孩子爱别人、爱父母、爱长辈、爱老师、爱同伴、爱家庭、爱幼儿园等。如果一个孩子只知道接受别人的爱心，而从不知道要以爱心对待别人，这样的孩子只会给家庭、社会带来不幸，自己也会被家庭、社会所讨厌。

妈妈要培养孩子爱父母和其他人的情感，要给孩子表达这种情感的机会。妈妈还要教孩子如何表达这种情感，并为他们做一些力所能及的事，如：给爸爸妈妈或爷爷奶奶拿一双鞋子，递一杯水；在家玩不能吵着别人工作、休息；和同伴一起玩不能互相争抢玩具，要团结友爱；愿意为邻居、同伴做好事；关心照顾弟弟妹妹；教育孩子从小自己的事情自己做，要尽力做些家务，如择菜、擦饭桌、收拾书桌、洗洗袜子等。

3. 纠正孩子不良的行为习惯

孩子在成长过程中会有不少坏习惯，如不讲卫生、乱花钱、整天看电视、玩游戏机等，做妈妈的只能细心、耐心地教育。

4. 关心孩子的心理健康，培养良好的心理素质

健壮的身体是一个健康孩子的物质基础，孩子的健康取决于心理与生理的相互作用。心理健康是塑造健全人格、开发智力与潜能、培养个人正常情感的有效手段。

5. 培养孩子对学习的兴趣

（1）让孩子感到学到的知识很有用

把在课堂学到的知识应用在日常生活中。孩子学会做手工，家长让他们在节日或爸妈的生日里做一个贺卡，唱生日歌；学到几何图形时，家长跟孩子一起找找家里有什么东西接近几何图形；认识动植物时，家里种些花草树木或饲养些小动物。这些都会使孩子觉得学到的知识很有用，会更喜爱学习。

（2）妈妈与孩子共同开展学习活动

家长与孩子开展一些学习和生活活动，在共同的活动中对孩子的学习兴趣进行适当的引导，是培养孩子学习兴趣的重要途径，如共同阅读报纸、杂志，共同种花、养小动物，共同游戏。大自然的故事、英雄人物的事迹、好听的歌都可以使孩子对世界有进一步的认识，促进他们情感反应。家长有空和孩子去公园玩一玩，追追蝴蝶，看看花，听听鸟叫，都可以激发他对户外活动和大自然的热爱，并从中获得丰富的知识。

（3）使孩子有成功的体验

如果有一件事很有价值，通过我们的努力后又可以实现，那么我们肯定对它产生兴趣，并愿意为之努力，所以在学习某方面内容时，我们可以让孩子回答些简单的问题，然后表扬他、鼓励他，孩子有成功的体会，必定会对所学习的内容感兴趣，并不断努力学习下去。

家长要积极鼓励孩子从事有兴趣的活动，使其形成一定的特长。孩子对某种活动或学科有很强的兴趣，生活会充实愉快，同时也会形成较强的自信心，促进其他科目的进步，在各方面有优异的表现。因此，父母应尽量让孩子在学习中培养一技之长。当父母发现孩子兴趣广泛并有一定特长时，应积极加以鼓励。

三、家庭生活中成年子女的角色和责任

成年子女在家庭生活中，主要充当照料父母的角色。我国宪法明确规定：成年子女有赡养扶助父母的义务。

赡养是指子女对父母经济上的供养，即提供必要的生活费用，给予物质上的帮助。扶助，指子女给予父母精神上的安慰和生活上的照料。子女对于丧失劳动能力、生活确有困难的父母，必须自觉地履行赡养扶助义务，使老人能够安度晚年。依据老年人权益保障法的规定：

1. 赡养人应当履行对老年人经济上供养、生活上照顾和精神上慰藉的义务，照顾老年人的特殊需要。

2. 赡养人对患病的老年人应当提供医疗费用和护理。

3. 赡养人应当妥善安排老年人住房，不得强迫老年人迁居条件低劣的房屋。老年人自有的或者承租的住房，子女或者其他亲属不得擅自改变产权关系或者租赁关系。老年人自有的住房，赡养人有维修的义务。

4. 赡养人有义务耕种老年人承包的田地，照管老年人的林木和牲畜等，收益归老年人所有。

案例 5-12

子路借米孝敬父母

古人说：“老吾老，以及人之老；幼吾幼，以及人之幼。”我们不仅要孝敬自己的父母，还应该尊敬别的老人，爱护年幼的孩子，在全社会造成尊老爱幼的淳厚民风，这是我们新时代学生的责任。

子路，春秋末鲁国人。在孔子的弟子中以政事著称。尤其以勇敢闻名。但子路小的时候家里很穷，长年靠吃粗粮野菜等度日。

有一次，年老的父母想吃米饭，可是家里一点米也没有，怎么办？子路想到要是翻过几道山到亲戚家借点米，不就可以满足父母的这点要求了吗？

于是，小小的子路翻山越岭走了十几里路，从亲戚家背回了一小袋米，看到父母吃上了香喷喷的米饭，子路忘记了疲劳。邻居们都夸子路是一个勇敢孝顺的好孩子。

（资料来源：笔者依据相关资料整理）

案例 5-13

邓小平赡养继母

夏伯根对邓小平来说，既不是他的生母，也不是养母，而是继母。邓小平对这样一位正直、善良、勤劳、肯干的继母特别敬重和爱戴。十五岁的邓小平，当年顺长江南下，走出重庆，走出四川。之后，邓小平率领千军万马前来解放大西南，又回到四川，回到了重庆。四川解放后，邓小平坐镇重庆，任中共西南局第一书记，是中央下属几大行政区域之一的最高官员。这时的邓小平已是 45 岁的中年人了。有了一个安稳的家庭后，邓小平就承担起赡养继母的义务。

邓小平调中央工作后，她把继母一同带到北京。跟随邓小平一家生活的这些年里，邓小平夫妇待她如亲母，从不分你我，在饮食、卫生、穿戴等生活的各方面，十分周全地照顾老人、安抚老人，使她晚年心情愉快。值得一提的是，在邓小平被打倒“流放”到江西住“牛棚”的日子里，邓小平为了照顾卓琳的身体，又不肯让年事已高的继母再承担过重的家务，便独自挑起了家务劳动的重担，劈柴、生火、擦地等重活脏活邓小平都亲自干。夏伯根老人能够高寿，与邓小平夫妇对她几十年如一日的爱戴、敬重、关心、照顾是分不开的。

（资料来源：笔者依据相关资料整理）

案例 5-14

毛泽东对母亲的感情很深

毛泽东对母亲文七妹感情很深。1918 年夏，他从长沙赴北京前夕，十分挂念在外婆家养病的母亲，特地请人开了一个药方寄给舅父。次年春返回长沙，便把母亲接来就医。10 月 5 日，文七妹患瘰疬（俗称疬子颈）病逝，终年五十二岁。毛泽东日夜兼程从长沙赶回韶山守灵，并和泪写下一篇情义深长的《祭母文》。

他这么追念母亲：“吾母高风，首推博爱。远近亲疏，一皆覆载。恺恻慈祥，感动庶汇。爱力所及，原本真诚。不作狂言，不存欺心……洁净之风，传遍戚里。”当时，毛泽东还给同学邹蕴真写信说：世界上有三种人，损人利己的，利己而不损人的，可以损己以利人的，自己的母亲便属于第三种人。母亲对他的影响力，在他的一生中都可以清楚地看出来。

母亲去世后，毛泽东把父亲毛顺生接到长沙住了一阵。父亲后来不再干涉他的选择，继续供他上学，毛泽东是很感激的。毛顺生于1920年1月23日患急性伤寒去世，时年五十岁。

（资料来源：笔者依据相关资料整理）

现今，人们期望老年人会由子女甚至是孙辈来照看。专家把这种情感支持、服务和经济资助的提供称为老年照料。老年照料这类家庭工作涵盖内容广泛，比如，帮助打电话，个人卫生护理，代办一些事项，家务事处理，餐点准备，买食物和付账单。这样，成年子女照料者可以根据父母的需要，每周提供不少于18小时的非正式照料。如果由自己照料父母的方式不可行，成年子女也可以付费请人来照料父母。

中国有句古语：“百善孝为先。”意思是说，孝敬父母是各种美德中占第一位的。一个人如果都不知道孝敬父母，就很难想象他会热爱祖国和人民。

巧技能20

孝敬父母从不抱怨开始

1. 不抱怨父母无能

没有人是万能的，也没有人是完美的！父母给了我们生命，费尽心力把我们养育成人，已很不容易，我们要感恩父母辛苦生养了我们。不要抱怨说“爸爸应该是怎样的爸爸，妈妈应该是怎样的妈妈”，应该真诚地说：“我接受，你们就是这样；我接受，是我选择了你们；我享受你们给予我的一切。”

2. 不抱怨父母啰嗦

父母比我们先来世上，他们先学取经验、照顾自己，再诞生我们。当我们出生后，用自己余生的心力来照顾我们成了父母自愿选择的命运：嘱我们穿衣，教我们吃饭，盼我们平安……只有真爱你的人才会去啰嗦你，父母绝不会去啰嗦一个与他们无关的人。

3. 不抱怨父母抱怨

父母抱怨我们，只是不满足我们的现在。当我们做得够好时，他们渴望我们更好！他们不是为自己，或许他们在生活上有很多不如意，或许他们在工作上非常辛苦，可又不能和谁讲，所以他们渴望我们更好，即便不是望子成龙、望女成凤，父母也希望我们青出于蓝。

4. 不抱怨父母迟缓

年纪大了，行动自然不便，永远不要嫌弃父母行动迟缓，因为我们永远想象不出我们小的时候他们是如何耐心地教我们走路。父母年轻时，可能比我们还意气风发！是为我们，父母才累弯了腰。如果有一天，父母已变老，腿脚不利索了，我们要切记：看父母就是看自己的未来，孝顺一定要及时。

5. 不抱怨父母生病

不管父母多忙，不管白天黑夜、下雨刮风，我们一生病，他们马上会放下手头忙得不可开交的一切，紧赶着给我们去看病，彻夜不眠地爱护我们。当父母生病了，我们能做到多少？真的是久病床前无孝子吗？社会上经常会有儿女不赡养老人的新闻，我们到底能不能做一个尽心尽责照顾父母的人呢？

第二节 关系过程中的角色变化

在亲密关系中，不少夫妻反映，他们之间不怎么因为两个人的问题而吵架，反而经常为了家里的其他人而吵架，要么是父母，要么是兄弟姐妹。作为丈夫，他认为自己首先是一个儿子，父母是唯一的，一辈子都改变不了，其次是丈夫，最后才是孩子的父亲。而妻子往往希望男人首先是自己的丈夫，其次是孩子的父亲，最后才是父母的儿子。同样的三个角色，顺序一变化，在亲密关系中的所思、所想、所为就会有很大的不同。

一、子女与父母的角色变化

在子女尚小时，父母对子女负有抚养、教育、监护等义务。在这个阶段，父母起主导作用，子女的事大多数由父母决定，子女大多数时候听从父母的话。在这个时候，父母的主动性高，自由度大；相反，子女主动性较低，自由度也低。但当子女长大成年后，随着父母逐渐老去，两者的角色随之发生变化。子女的主动性较高，自由度也高；相反，父母的主动性低，自由度也低。在子女成年后，父母对子女的义务随之减少，而子女则需开始承担对父母的赡养、扶助等义务，这些义务都可以成为照料义务。

在子女还小时，父母对孩子无微不至地照顾，促进孩子健康成长。

当子女长大、父母变老时，年长父母和成年子女照料者的关系常随着照料行为而变化。起初，成年子女只是对父母的生活和健康表示关怀，并把这种口头的关怀告知兄弟姐妹和其他人。接着，会逐渐对年老父母的个人生活也给出建议，比如，“要记得服药”。此后，成年子女照料者承担起更大的责任，要为年迈的父母提供所需要的服务，而且在做出有关决定时，还常要咨询其他家庭成员及专家的意见和建议。

到了这个阶段，年迈的父母和成年子女照料者之间的冲突开始逐渐浮出水面。年老父母开始对失去自己生活和行为的权力而反感，也感受到失去自由的威胁。他们还可能会不愿遵从成年子女照料者的决定，给双方的关系增加压力和紧张感。

严重的角色倒置会使本已有些紧张的亲子关系火上浇油。这种情况，一般在照顾患有慢性病或残疾的父母时较多发生。在这种情况下，成年子女会尽心竭力地照顾年迈的父母。这时，由于成年子女照料者很容易倦怠，这就使得照料质量不佳。特别是成年子女照料者还要承担全职工作，同时又要兼顾婚姻关系，打理自己的亲子关系及祖辈和孙辈的关系，而从兄弟姐妹和配偶那里又得不到什么帮助，在这种情况下更是如此。久病床前无孝子，照料者的压力到了这个程度的时候，就会导致对年老父母的情感、身体和语言虐待。

有几种方法可以预防或缓解照料者的倦怠：(1) 鼓励男人在照看老人时，和女人一样负责任；(2) 寻求更广泛的社区支持，比如，老人照顾和休息计划；(3) 政府为老人照看的培训和服务计划提供更多的资金支持；(4)通过税收抵扣和其他奖励方案来鼓励与支持这种家庭工作。

二、关系过程中动态角色变化

上述子女和父母的角色变化可以归结为静态角色变化，在社会发展、进步的前提下，它们均是不可逆的。在关系中，还有一类动态角色变化。例如，男性一生中要同时扮演的三个角色，分别是：父母的儿子、妻子的丈夫和子女的父亲，这些角色交错上演。男性这辈子会经历儿子、丈夫、父亲等一系列的角色转变，做好每一个角色对于一个男人来讲都是责无旁贷的。这就是男人的责任。为人子，你不能让父母失望，这就是你的责任，没做到你就不是一个好儿子。为人夫，你要让你的女人幸福、安心、快乐，这就是你的责任，没做到你就不是一个好丈夫。为人父，你要让你的孩子幸福、健康、快乐，这就是你的责任，没做到你就不是一个好父亲。还有很多角色都需要你承担相应的责任。能做一个负责任的男人，坦白地说已经是一个很不错的男人了。对得起自己，也对得起其他人。

案例 5-15

“大儿子”与“小儿子”

问：我是一个三岁男孩的母亲。儿子出生前，家里事无巨细，都是我来操心、打点。对老公的照顾也无微不至。现在，一个孩子已经够我忙的了，就没有以前那么周到。为此，他好几次向我抗议，说我有了儿子就把老公给忘了。其实我并没有忽略他，而是忙得无暇顾及而已。如何解决好这个“大儿子”与“小儿子”的矛盾呢？

答：你把老公比成“大儿子”，说明你们之间的某种关系。并不是说这种关系有什么不对，“相夫教子”是中国传统文化对妻子的定位。但你要知道，夫妻双方还应当有多种角色。女人可以既是妻子，也是女儿和母亲；男人自然也可以在丈夫、儿子与父亲这三种角色之间转换——三种角色都完备才是成熟的人格。当你把老公比成“大儿子”时，说明他在家庭中“丈夫”和“父亲”的角色缺失，而这两种角色对于一个男人而言可能更重要。

这里所说的“父亲”，不单指对孩子，还包含让妻子有强大的依靠。

你们的夫妻关系模式可能是这样的，女方比较成熟，对丈夫呵护备至，丈夫在婚姻问题上还没有与年龄角色相符的成熟。没有儿子的时候，你的全部注意力放在老公身上，有了儿子后，你的精力被分散了，让他感觉受到冷落。这其实是一种与儿子“争宠”的心理。现在许多“80后”的年轻人，双方都是独生子女，虽然结婚生子了，并没有相应地做好为人父母的心理准备。你的丈夫大概就属此列。

你的老公缺乏做丈夫特别是缺乏做父亲的人格，就要从现在开始培养他这种人格。当然，人格的成长是个日积月累的过程，不是一朝一夕能成的。改变老公的“大儿子”情结不能着急，要用正确方法启发他成长。

案例 5-16

小猫的助攻

一个男孩，在高中时父母收养了一只小猫。小猫虽然带来许多乐趣，但小动物的喂养并不简单。除了定量喂食，还要洗澡清洁、打扫卫生。男孩只知道跟小猫玩耍，照料猫的事全然不管，这无形中给父母增加了很多额外负担。于是他们想把小猫送人。男孩当然不舍，主动承担了喂养的责任。不仅小猫的一应喂养清洁全部由男孩“包干”，很多别的家务男孩也乐于动手。这对父母无意中改变了男孩的生活态度，在爱心的驱使下，男孩照顾小猫从不得不做，到很喜欢做，再到后来乐此不疲。

（资料来源：笔者依据相关资料整理）

案例 5-17

克莱默夫妇

奥斯卡获奖影片《克莱默夫妇》，故事中的女主人公乔安娜因不满丈夫整天忙于公务忽视了家庭而弃家出走，猝不及防的克莱默先生委屈之余不得不在事业与孩子之间疲于奔命。他从最初对儿子的不耐烦，到父子俩一点点增加的沟通和理解，到最后相亲相爱、无法分离。有一天，妻子走上法庭想讨回儿子的抚养权时，克莱默先生竟感到撕心裂肺般的痛苦。这表明，他做父亲的人格真正形成了。同时他也在日复一日对儿子的照料中，体会到妻子先前的种种辛苦，为当初忽略妻子的感受而真诚地表达不安和歉意。

老公缺少父亲人格，就要“创造”机会，让他去真正“做”父亲，真正履行父亲的责任。

养育孩子是婚姻中重要的“事业”之一，需要双方共同参与。建议你制造一些小小的“机会”，让他去接送孩子，让他给孩子做做饭、洗洗澡、哄上床睡觉，孩子有个头痛脑热的，夜里也让他带带。不要什么事都大包大揽，要“狠得下心”来让老公辛苦一点。这样做，一方面培养他做父亲的人格，同时也多少能体验到你带孩子的不易，不再抱怨妻子对自己的忽略。更重要的是，在家庭中建立大男人的责任感。

你不要一味扮演老公的“母亲”角色，要学着同时扮演妻子和女儿的角色，要适当“示示弱”，让老公感觉你需要疼惜和呵护。千万不要形成这样的格局，老公只愿当“儿子”，甚至还和儿子争宠。你辛苦不说，老公还不领情。时间长了，影响夫妻关系，而且对孩子成长也极不利。你的儿子刚刚三岁，正是人格形成的敏感时期，父亲是他最早也是最重要的人生榜样。仅从这个角度说，你也要让老公从“小男人”的角色中走出来，成为小家庭的中流砥柱。

（资料来源：笔者依据相关资料整理）

第三节　换位思考是一种能力

孔子说过：“己所不欲，勿施于人”，意思是说不要把自己不喜欢的事情强加给别人，而是要设身处地地为别人着想，也就是要多为别人着想。为他人着想其实就是换位思考。换位思考可以帮助人们通过相互理解和沟通来了解他人需要，可培养人之仁爱、平等、同情和宽容等优秀道德品质。众所周知的“以病人为中心”“以消费者为中心”“以学生为中心”等呼吁都是换位思考在人际交往中的具体体现。与此同时，孔子所说的“己欲立而立人，己欲达而达人”，孟子在论及仁政时所说的“老吾老，以及人之老；幼吾幼，以及人之幼”都包含以己度人、推己及人、将心比心的换位思考方法。

案例 5-18

叶圣陶先生的教育

叶圣陶先生曾用这样的例子教育子女要多为他人着想。一位父亲让儿子递给他一支笔，儿子随手递过去，不想把笔头交在了父亲手里。父亲就对儿子说：“递一样东西给人家，要想着人家接到了手方便不方便。你把笔头递过去，人家还要把它倒过来，倘若没有笔帽，还要弄人家一手墨水。刀剪一类物品更是这样，决不可以拿刀口刀尖对着人家。”

在生活中，当我们面对某一问题时，如果仅仅只是从自己的利益得失出发去考虑，而置别人于不顾，往往就会失之偏颇，甚至伤害他人。凡事设身处地、换个角度为他人着想，即使是原本疑惑不解的问题，都可能会变得豁然开朗而迎刃而解。为他人着想，本身就是一种修养、一种素质，更是一种睿智的体现。

（资料来源：笔者依据相关资料整理）

一、夫妻之间换位思考

学会换位思考，这是人与人之间交往的基础。做到换位思考，才可能达到互相宽容、理解和信任。

亲密关系中，夫妻之间要站在对方的立场上体验和思考问题，从而与对方在情感上得到沟通，为增进理解奠定基础。它既是一种理解，也是一种关爱。

案例 5-19

老夫老妻的真爱

有位长者，已经七十多岁，事业做得很成功，现在已经把事业交给他的四个儿子。他说："我总觉得我的太太很傻，跟我吃了那么多苦头，连个苦字都没有说，一个抱怨都没有，还每天笑脸对着我。我总觉得我的太太愈看愈可爱。你看我们都老夫老妻了，还可以这样坐在一起说笑，这才叫真爱。而那些年轻时你侬我侬，那不一定是真爱，可能是欲望。"

（资料来源：笔者依据相关资料整理）

为什么他们都不喊辛苦？因为在他们的心目中觉得这是我应该

做的，人一觉得是应该做的就不觉得那么辛苦了。假如先生只想着你看我多辛苦，太太也说你看我付出多少，两个人在那里计较来计较去，那一定会是矛盾冲突重重。

案例 5–20

陈刚和妻子的困惑

陈刚和妻子结婚三年，婚姻生活比较平淡。由于陈刚事业心很强，在结婚后的一年就在保险行业中得到了一份高薪工作。因为保险行业竞争比较激烈，陈刚的压力和负担比较重，所以他希望能得到妻子的爱和鼓励，让自己能够一直保持奋斗的勇气。但是陈刚的妻子也十分争强好胜，在结婚之后，她总是不耐烦地指责丈夫动作太慢、手腕不够灵活，或者指责丈夫工作不出众、没出息。在陈刚换了工作之后，妻子还是常常数落陈刚。在妻子不停的嘲笑与指责下，他的勇气丧失殆尽。陈刚感到事业和婚姻都没有让自己奋斗的动力了，所以他最后辞了职，也对妻子提出了离婚要求。

（资料来源：笔者依据相关资料整理）

陈刚妻子最大的问题在于太过放纵自己的习惯，没有关注到丈夫的感受。用自己的思维方式对丈夫进行评价，丝毫不顾及丈夫的感受，让丈夫感受不到任何温暖，也使丈夫没有了自信，最终丈夫对家庭失去了信心，导致家庭的破裂。

幸福的婚姻根本就没有秘诀可言，需要的是两个人不断地磨合、妥协，然后双方在思想上达成默契，而要达到这种默契，根本前提是要换位思考，这才是婚姻有可能幸福的基本前提。只有换位思考，才不会去计较；只有换位思考，才会甘愿付出；只有换位思考，才会相互妥协；只有换位思考，才会相互考虑对方的感受；只有换位思考，才会相互牺牲。人生不过百年，转眼一瞬间，夫妻不过几十年，幸福的婚姻夫妻会感觉时间过得太快，转眼孩子大了，白了头了，但不幸的婚姻是度日如年，在煎熬中度过每一天，根本原因是没有学会换位思考。

二、亲子之间换位思考

在亲子交流中，父母要做到的是会转换角色，不要总是以自我思想为中心，让孩子围着你的大脑转，孩子也是有思想的，要换个角度来看各种问题。比如孩子做错了一件事，家长要站在孩子的角度去想，为什么会做错？他是怎么想的？是有意的还是无意的？不同的想法会有不同的教育方法。

案例 5-21

婷婷的“愤怒”

单元测验的成绩出来了，婷婷一脸喜悦地回到家。“妈妈，我们今天考数学了。”“是吗，这回得了多少分？”“82 分，比上次高10分呢。”婷婷有几分骄傲地说。妈妈：“哦，这回是比上次进步了。对了，你知道隔壁的扬扬考了多少分吗？”“好像是90分吧。”婷婷有点不高兴地回答道。

母亲似乎并没有察觉，接着说：“怎么又比她考得差？你努点力行吗？”“你凭什么说我没努力？比上次提高了10分，老师还表扬我进步了呢，就你总是不满意。”婷婷生气了，她提高嗓门喊了起来。“你怎么这么不懂事，我这不是为你好吗。你看人家扬扬，每次都考得那么好，哪像你时好时差，也不知道争点气。”“我怎么不争气啦？你嫌我丢你的脸是不是？人家扬扬好，那就让她做你的女儿好啦。”婷婷气冲冲地走进自己的房间，“砰”的一声把门关上了。

（资料来源：笔者依据相关资料整理）

类似事情在很多家庭时有发生，本来很平常的对话，说着说着双方就吵了起来。与孩子对话为什么就这么难呢？孩子怎么就不能理解父母呢？像这位母亲一样，很多父母也曾不止一次地问自己。要使双方能有良好的沟通，学会站在对方的角度思考很重要。要站在对方的角度考虑问题，站在对方的角度去理解他的内心感受，站在对方的角度去说好每一句话。简单点说，站在对方的角度，就是要学会进入人的内心，了解对方的所思、所想和所盼，这样交谈才能流畅、愉快和有效。

母亲听到女儿“妈妈，我们今天考数学了”的话后，可以对女儿说：“是吗，妈妈相信你这次一定比上次考得好。”当女儿回答说“82分，比上次高 10 分呢”时，母亲应该说：“都提高 10 分啦，真是太了不起了。我说了你很有潜力吧，妈妈相信你一定还会有提高！”女儿听到母亲的鼓励后定会很兴奋，这样对话就能顺畅地进行。

站在孩子的角度，是对孩子的尊重，是有效沟通的一种重要巧技能。它能避免和减少对话双方的戒备和猜疑，弱化和消除对话过程中的不愉快，能使我们更好地了解对方，传递我们的意图，从而使对话朝着期望的方向进行。

三、提高换位思考的能力

换位思考如此重要，但不是所有人都拥有这个能力。正如大多数能力可以通过后天学习一样，换位思考的能力也可以学习，也需要学习。

换位思考的实质是：你是你，我是我，你不是我，我不是你，但你把我当成你，我把你当成我，这样就换了位，再思考一下……

测试：你的换位思考能力如何

凡事能够站在对方的角度设身处地为他人着想的人，都具有非常出色的换位思考能力，都是在事业上大有成就的人。你具有这方面的能力吗？来做做下面的测试吧。

1. 你是否认为任何事情的发生都存在一定的必然性？

是（ ）/ 否（ ）

2. 朋友做了一件对不住你的事，这件事情并不怎么严重，你会很快原谅（她）吗？

是（ ）/否（ ）

3. 你认为想让别人喜欢自己，那么就得先喜欢别人，是吗？

是（ ）/否（ ）

4. 你从不认为自己比别人聪明，是吗？

是（ ）/否（ ）

5. 你自认为学习表现不错，但老师仍然不满意，这时你会从自身找原因，尽力把学习做到最好，是这样吗？

是（ ）/否（ ）

6. 你的朋友认为你是一个宽容的人吗？

是（ ）/否（ ）

7. 如果你的一个朋友忽然对你疏远起来，你首先会想："是不是我做错了什么？"是这样吗？

是（ ）/否（ ）

8. 到一个新地方生活，你会主动了解一个地方的风俗，是吗？

是（ ）/否（ ）

9. 在评价一个街头事件时，听到你的见解的人会认为你的思想比较有深度，是吗？

是（ ）/否（ ）

10. 你是否认为人与人之间无论矛盾有多深，都有和解的可能与途径？

是（）/ 否（）

11. 你是否认为人无完人？

是（）/ 否（）

12. 你是否认为每一种沿袭下来的习俗都有其深刻的存在理由？

是（）/ 否（）

13. 在与一个和你性格完全不同的朋友发生争执后，通常都是你主动找他（她）和解，是吗？

是（）/ 否（）

14. 你对小时候和你打过架的朋友，即使你当时吃了亏，也不会记恨在心，是吗？

是（）/ 否（）

15. 你总是试图用有趣的方式、方法去和他人沟通，是吗？

是（）/ 否（）

16. 朋友们大都认为你是一个善解人意的人，是吗？

是（）/ 否（）

17. 只要对方的出发点是为了你好，你就会对他心存感激，是吗？

是（）/ 否（）

18. 你认为没有人会永远正确，正如没有人会永远错误一样，是吗？

是（）/ 否（）

19. 你认为如果自己能够懂得更多的人际交往艺术，你将会有更好的发展，是吗？

是（ ）/ 否（ ）

20. 和一个自私的人交往时，你会对他（她）做出适当的让步，是吗?

是（ ）/ 否（ ）

计分方法：

以上各题，选是，得1分；选否，得0分。各题得分相加，统计总分。

结果解释：

0 ~ 6分：你的换位思考能力很差，总是不由自主地站在自己的立场上为人处世。请尽快改善吧，否则很可能会影响你的前途。

7 ~ 15分：你的换位思考能力一般，需要提高。如果你做任何事首先想到对方的立场，你将会有更大的收获。

16 ~ 20分：你的换位思考能力很突出，总能够做到设身处地地为他人着想，站在他人的立场上思考问题。毫无疑问，你是一个深受大家欢迎的人，也是一个能够解决人际关系难题的高手。

要学会换位思考，首先应该知道究竟什么是换位思考。站在对方的角度思考就是换位思考吗？是的，你可以把你的身份从甲方变成乙方，从领导变成员工，从父母变成孩子，从男人变成女人，从热恋变成夫妻，等等。但这是掌握了换位思考的形式，没有掌握换位思考的本质，这样的换位思考，有当然比没有好，但还不够，还得努力。真正的换位思考是你能用别人的思维去思考，而不是换个位置用你自己的思维去理解别人。比如我看到很多人喜欢给别人指指点点出主意，可那些主意也好，点子也好，都是你的思维模式的延伸，而不是别人的思维模式。当你不能理解别人思考问题的方式时，你就不能真的理解别人的行为模式，更谈不上做到真正的换位思考。

应该承认，因人们的成长年代、生活环境、家庭环境、教育背景和心路历程等不同，我们形成了不同的思维模式，换位思考的本质是以别人的思维方式去思考。所以，换位思考是一件挺难的事情，除非你的大脑和心智保持开放，能容纳不同的价值观和思维方式，你就不能是一根弦，你得尝试用别人的思维结构来思考，甚至是你不接受的思维来思考。就像谈恋爱，有时总是感动自己容易，但感动对方难。

究竟应该如何换位思考，我们可以尝试以下步骤。

1. 承认不同，忌先入为主，克制自己的主观评论的欲望。

2. 用提问，更深入地了解他人对此事的看法、思维逻辑、甚至价值观。

3. 以他人的思考方式、站在他人的角度重新审视这件事。

换位思考是基本的道德教谕。古往今来，从孔子的“已所不欲，勿施于人”到《马太福音》的“你们愿意别人怎样待你，你们也要怎样待人”，不同地域、不同种族、不同宗教、不同文化的人们，说着大意相同的话。

真理的身上布满伤痕。换位思考是人类经过长期博弈、付出惨重代价后总结出的黄金法则。没有人是一座孤岛，社会是一个利益共同体。我们不能用自己的左手去伤右手，我们是同一棵树上的叶和果。

换位思考的结果是双赢。深刻的道理，往往是简单的；而简单的道理，真正做到了就不简单。

参考文献

[1] 冷爱 . 一切感情问题的答案 [M]. 北京：人民邮电出版社 ,2016.

[2] 杨冰阳 . 如何得到你想要的婚姻与爱情 [M]. 长沙：湖南文艺出版社 ,2017.

[3] 杨冰阳 . 完美关系的秘密 [M]. 北京：中信出版社 ,2014.

[4] 杨冰阳 . 聪明爱 : 别拿男人不当动物 [M]. 北京：北京时代华文书局有限公司 ,2015.

[5] 艾伦・费恩 , 雪莉・施耐德 . 幸福婚姻的金科玉律 [M]. 南宁：广西科学技术出版社 ,2016.

[6] 约翰・格雷 . 男人来自火星 , 女人来自金星 [M]. 长春：吉林文史出版社 ,2006.

[7] 刘平青，等 . 管理沟通——复杂职场的巧技能 [M]. 北京：电子工业出版社 ,2016.

[8] 霍妮 . 婚姻心理学 [M]. 北京：中国华侨出版社 ,2017.

[9] 黄维仁 . 亲密之旅 [M]. 北京：中国轻工业出版社 ,2009.

[10] 约翰・戈特曼 . 幸福的婚姻 [M]. 杭州：浙江人民出版社 ,2014.

[11] 约翰・戈特曼 . 爱的博弈 [M]. 杭州：浙江人民出版社 ,2014.

[12] 享得里克·房龙，房龙，王少农．圣经的故事 [M]. 北京：中国社会科学出版社，2003.

[13] 鄂璠 .2012 婚恋幸福感报告婚龄三年以下最幸福 [J]. 小康，2013(2):106-109.

[14] 琪琪．女人是娶来宠的，男人是嫁来崇拜的 [J]. 婚育与健康，2009(13):48-50.

[15] 玛格丽特·米德，周晓虹，李姚军，等．萨摩亚人的成年 [M]. 北京：商务印书馆，2011.

[16] 加里·斯坦利·贝克尔．家庭论 [M]. 北京：商务印书馆，2011.

[17] 纳迪娜·德·罗斯柴尔德，刘莉．爱情是女人的事业 [M]. 北京：商务印书馆，2003.

[18] E.A. 韦斯特马克．人类婚姻史 [M]. 北京：商务印书馆，2015.

[19] 鲍建强，马慧莲．男人内心是一个丰富的世界——《特别关注》所关注的男性心理需求 [J]. 青年记者，2009(16):77-78.

[20] 弗罗姆．爱的艺术 [M]. 上海：上海译文出版社，2008.

[21] 蒙台梭利．打造你的孩子 [M]. 北京：外文出版社，2004.

[22] 本杰明·斯波克．斯波克育儿经 [M]. 北京：中国人口出版社，2009.

[23] 华力．教子智慧书：世界经典教育集 [M]. 北京：中国妇女出版社，2005.

[24] 徐光，嵇箫桐．教育无痕：一位中国妈妈的教育感悟 [M]. 北京：

中信出版社 ,2004.

[25] 傅雷 . 傅雷家书 [M]. 天津：天津社会科学院出版社 ,2006.

[26] 高立胜 , 毛世英 . 换位思考 : 一种重要的思维方式 [J]. 哲学研究 ,1994(1):29-34.

[27] 雪麂台 . 父母比孩子更需要换位思考 [J]. 留学 ,2015(13):96-97.

[28] 张红 , 李继忱 . 要教孩子学会换位思考 [J]. 家长 ,1999(7).

举报电话：（010）88254396；（010）88258888

传　　真：（010）88254397

E-mail:　dbqq@phei.com.cn

通信地址：北京市万寿路 173 信箱

电子工业出版社总编办公室

邮　　编：100036